连锁超市

开|店|攻|略

聂军维◎著

中华工商联合出版社

图书在版编目（CIP）数据

连锁超市开店攻略 / 聂军维著 . -- 北京：中华工商联合出版社，2020.2

ISBN 978-7-5158-2700-1

Ⅰ . ①连… Ⅱ . ①聂… Ⅲ . ①连锁超市—商业经营

Ⅳ . ① F717.6

中国版本图书馆 CIP 数据核字（2020）第 010045 号

连锁超市开店攻略

作　　者：聂军维
责任编辑：胡小英　马维佳
封面设计：李尘工作室
责任审读：郭敬梅
责任印制：迈致红
出版发行：中华工商联合出版社有限责任公司
印　刷：三河市长城印刷有限公司
版　次：2020 年 4 月第 1 版
印　次：2020 年 4 月第 1 次印刷
开　本：710mm×1000mm 1/16
字　数：240 千字
印　张：14.5
书　号：ISBN 978-7-5158-2700-1
定　价：48.00 元

服务热线：010-58301130
销售热线：010-58302813
地址邮编：北京市西城区西环广场 A 座
　　　　　　19-20 层，100044
http://www.chgslcbs.cn
E-mail:cicap1202@sina.com（营销中心）
E-mail:gs1zbs@sina.com（总编室）

前言

　　本书以标准 + 制度 + 范例的形式向读者介绍了连锁超市的发展趋势、业态选址、筹备开店、门店养成、网点布局、顶层设计、沟通架构等内容，以拓展为前站，以门店为平台，以标准化为基础，以网点布局为抓手，以卡位管理为策略，以区域密集布点为要领，讲述了如何实现门店从 0 到 1 的起步，如何实现从 1 到多的突破，如何实现从多到规模的跨越，是便利超市业态连锁化拓展的指导手册。

　　本书中所阐述的经营管理知识、技术都来自于实战验证，又配有可操作的有效管理制度与表格来确保落地，其全面覆盖业务流转的各个环节，既能很好地把控关键节点的输入输出要素，实现不越位、不错位，能到位，又能对业务流程起到阶段性监督或成果验证作用，功能模块易操作，方便实用。

　　在关键原则和标准的陈述上，又配有很多实战案例。每个案例都来自实践，并融合了对经营管理的感悟与思考，对当事者能够产生启迪作用，通过专业水准、朴实化语言，融入可读性的经营哲学和视野展望，对实体商业企业，特别是对创业型或初创期连锁企业的规模化发展有较大帮助和指导价值。

作者本人一直从事零售业的经营管理工作，现就职于中国连锁前十强零售企业，曾在 7-11 工作近十年，有辅导过数个零售实体企业从单店向连锁化发展的实战经验，并长期从事连锁管理方面的研究。在《企业管理》《现代商业》及《店长》等刊物上发表专业论文数十篇，专注于行业前沿动态研究。具有较强的战略眼光，能够把握零售业态的发展趋势，帮助推动连锁业态优化提升发展。

目 录

附 录

第1章
业态选择攻略

零售业态概念界定

"零售业态"一词，源于日语，原意指店铺的营运形态，即为零售经营者关于具体零售经营场所——店铺的经营战略的总和。也就是说，零售经营者要以某一目标市场为对象进行选址、店铺规模及销售方法等方面的决策，从而形成零售店铺的形态。后该词被翻译为英文"Type of Operation"，含义从营运形态扩展为经营形态，即根据满足消费者购物意向组合成的所有零售形式，包括店铺形态的创新和无店铺零售、连锁与特许等更广泛的内容。

零售业态分类

据不完全统计，目前世界上存在40多种零售业态，我国有30多种。随着中国零售业的迅速发展，新的零售业态不断出现，GB/T8106－2004《零售业态分类》已不能满足形势发展的需要。根据国家标准化管理委员会新修订的零售业态分类标准，零售业态按零售店铺的结构特点分类，根据其经营方式、商品结构、服务功能，以及选址、商圈、规模、店堂设施、目标顾客和有无固定营运场所进行分类，将零售业态分为食杂店、便利店、折扣店、超市、仓储会员店、百货店、专业店、专卖店、购物中心、厂家直销中心、电视购物、邮购、网上商店、自动售货亭、直销、电话购物等16种零售业态，其中，超市业态又重新划分为便利超市、社区超市、综合超市和大型超市。

零售业态创新发展趋势

对于零售业态创新来说，就是企业不断开发并完善业态，或者进入具有竞争优势的新型零售业态。业态创新已经成为零售业塑造竞争力的重要方式，世界上优秀的零售业都有着极强的零售业态创新能力，例如，沃尔玛创新了购物广场，家乐福创新了大型超市，麦德龙创新了仓储商店，阿里巴巴创造了新零售业态等。近年来，本土连锁超市呈现出了壮大实力或组建超大型超市集团向社区超市、便利超市、专业化超市和开拓乡镇市场方向发展的趋势。同时，随着中国经济发展与现代新技术、新方式的出现，特别是电子商务、"互联网＋"也催生零售业不断创造新型业态。综合来看，零售业态有互联网业态、重体验店购物中心、深度专门店、好服务的社区便利店四大主力业态。

因居民消费能力、观念、模式的改变，与居民紧密结合的便利业态，特别是社区便利业态迎来了连锁化大发展。社区超市是一个接地气的业态，服务性更强、配套性更加凸显，从功能需求和价值创造来看，贴近百姓生活、满足一般居民生活便利所需。其方便、快捷，距离居民最近的特质，在国内零售业市场得到迅速的发展，主要体现在以下五个方面。

第一，距离上。选址立足周边消费群体，靠近目标消费者，其商圈半径在 500 米左右，顾客一般只需步行 5 至 10 分钟便可到达店面，满足顾客千米生活圈所需。

第二，时间上。经营时间一般在 16 小时以上，或 24 小时，全年无休。对于有刚性需求的顾客来讲，能够解决更多时间段购物需求。

第三，购物上。商品定位主要是以购买频率较高的大众商品为主，其最大特征是为消费者提供附加值高的商品，有即时消费性、小容量、应急性等特点。卖场内货架低，消费者进入后对自己所需的商品一览无余，可立即进行选货后付款。

第四，服务上。塑造成社区服务中心式的邻里中心，努力为顾客提供多元化的服务。比如，提供代缴话费、城市一卡通等充值缴费服务，提供传真、复印、快餐、熟食、代售报刊、送货上门等便民服务，收取电费、煤气费等服务，还可以代理快递或国际通讯费的收取，代办汽车及火车、飞机票购买等便民服务，方便周边居民就近购买商品，享受方便快捷的服务。

第五，特质上。业态扎根社区，服务周边。可成为线上的体验店，又可成为商品中转仓储站，在最后一百米上，门店可成为配送终端和自提点。一方面满足安全需要，顾客不愿意或不方便把商品直接送到家，直接送到门店，顾客根据自己的时间到门店提货，增加门店的客流，获得新的盈利点。另一方面，门店员工经过专业培训后，可兼职充当快递员角色，为周边顾客送货上门，实现快速服务到家。

经济发展对零售业态的选择

经济 GDP 基量选择：我国零售业态处于中长期的调整阶段。目前主要态势为百货，而随着我国零售业的发展提升，综合超市、家电连锁、专业店等向百货业态发起了冲击。根据发达国家零售业的发展历史，一国零售业态的构成与人均 GDP 水平关系密切，这也符合国际零售业的一般规律。我国的人均 GDP 在 2003 年超过了 1000 美元，2008 年超过 3000 美元，2018 年人均 GDP 接近 1 万美元，其中深圳、无锡、苏州、珠海、广州、南京、常州、杭州、北京、长沙、武汉、上海、宁波等城市的人均 GDP 突破 2 万美元。可以说，我国零售业正处于上升周期中的调整阶段，各类业态蓬勃发展，社区超市即将迎来较好的发展空间。

消费群体的选择：中等收入群体的规模扩大，伴随着消费观念的改变，引发消费结构的替代升级。我国居民消费正沿着"衣食—耐用品—住行—服务"的路径，从生存型向发展享受型升级，时间成本、便利性、体验性、有品质成为居民消费的综合考量因素。对于零售业态而言，已经体现在传统服务业向现代服务业的转变，体现在大业态向便利性业态的转变，体现在实体业态向线上线下融合业态的转变。

互联网时代的选择：以互联网为代表的新经济迅猛发展，云计算、大数据、物联网、5G 等新一代信息技术层出不穷，孕育了经济的新增长，并与传统产业深度融合，改变了生产生活方式，催生出了一批新产业、新模式和新业态。其中，便利性业态、社区型业态作为互联网线下体验平台，落地平台，已悄然兴起，并成为互联网的智慧选择。

我国社区超市业态发展状况

国内一些优秀的零售企业包括永辉、苏果、上海华联、山东银座等，大部分都导入了社区超市业态，并且取得了较好的成绩。国内做专一便利业态的有山西唐久超市、天津 365 超市、山东孟鑫超市等。零售连锁便利超市企业，在区域内获得较快较好的发展。国外便利业态有 7-11、全家、罗森等，积极抢摊占点国内市场，获得优先发展机会。

社区超市业态综合评价

随着人们生活节奏的加快和生活水平的提升，特别是中国老龄化问题越来越突出，以社区便利店、社区超市为主的便利业态门店，主要售卖日常生活用品、厨房用品等，越来越受到青睐和欢迎，其特有的关联性在增强顾客粘度的同时，也招揽了大量的客户。既符合趋势，又有潜力，尽早占有优势位置选址立足，把握最后一公里商机，更能满足将来人们快节奏、社区老年化的生活需求，也能跟上业态发展趋势。

以下章节主要对社区超市业态的选址和经营方面做一些交流探讨。

第2章
选址攻略

经营实体业态，唯独位置无法改变。选址（包括兼并选店）就是选好位置，选址作为门店起步的核心环节，选取有优势、有价值的位置开店，才能拥有客流，才能确保投资收益。选址就是一种经营，因为选址是门店整个经营运作的第一"战场"，若没有正确的选址，就不可能有未来成功的运营。因此，门店未来的运作成功，70%取决于正确的选址；选址也是一门概率学，选址所做的每一项工作无非是为决策选店提高赢的概率，能选址、会选址、选好址，方能赢天下。同时，选址既是科学，又是艺术，科学讲究的是方法，艺术讲究的是综合直觉判断。选址是扩地盘、抢市场、跨规模、建平台的必要基础。选址作为连锁企业开拓的基本功，上至连锁掌舵人，下至基层拓展人员，都要有过强过硬的选址基本功，切实掌握选址攻略的精神和实质内涵。

选址（选店）原则

location, location, location，三分经营，七分选址。一旦选址错误，以后所有的努力都是错的，后天无法弥补。个体店选址错误，可能拖垮一个家庭，连锁店选址错误，可能会影响到企业的发展。选址虽然不是万能的，但没有正确的选址是万万不能的。

一、占地为王原则

选址要选在黄金点上。俗话说"一步差三市"，占得好地头、赢得好彩头，选择可以立地为王的位置开店，至少拥有了70%~80%的业绩保障。

二、方位原则

选址要选在主方位、主侧面。俗话说"坐北朝南，容易赚钱"，这也符合地理磁场学说，更加符合生活居住正北正南的特点。

三、便利性原则

距居民区的位置、离工作的单位位置、公共交通的情况；方便停车、有安全保障、营运时间长，比其他商店的距离近、更加便利。

四、堆积原则

开在社区商业区、公共服务区、商业消费区等磁点多的区域，每个磁点都能够吸引人流客流，形成多功能生活需求圈，堆积效应明显。但此商圈相对成熟，竞争较为激烈，成本高，风险也高。

选址理论

六个选址理论，见表 2-1。

表2-1　选址理论

	说明	图样
经过理论	每个人都会在家、工作地和生活区之间流动，因此，门店应开在人的行动路线上，或者应开在下班路线上，或在人经常去的集散处（菜市场、娱乐场），尽量距离家近、不绕道。	
口袋理论	门店开在小区入口或小区的前后门，或流向主要消费群体的主干道一侧位置，开在顾客动线的袋子口位置，称为口袋理论。特别是对于社区型业态，口袋理论是遵循的第一理论。如下图中在AB位置皆可开店，但A位置最佳，B位置次之。	
三位理论	就是多条道路汇合处，能够汇集大量人流的位置。三方位都有可见性，门店形象显示展示性都好，顾客吸引力强，业绩有保证。适用于干道型商圈，如下图中A位置。	
接近理论	根据交通规则，车流靠右行驶，开在顾客容易接近的位置，即为接近理论。随着家庭车辆保有量的增加，开车购物或下班捎带购物客人的增加，开车购物的接近性要求越来越高。A位置在下班右行进方向，为具佳，B位置次之，但其也是相对而言。	

（续表）

跟随理论	区域成功品牌进入位置，即可作为自己选择区域，称为跟随理论。要与竞争对手采取错位经营，共享商圈资源，获取各自收益。对于创业起步者，选址经验不足的，跟随理论很有帮助性。遵循成功品牌的路子起步，跟随成功品牌发展，既能省调研成本，还能提高成功率。如下图中，选择成功品牌的A位置外的B、C、D位置开店。	B　　A（成功品牌） 主干道 C　　D
无为理论	只要符合开店目标，能有价值，也可被选择，就是无为理论。比如，有的位置是赚钱，有的位置是展示形象，有的位置是封锁竞争对手等等，因位置担当的使命而定。	无

选址不宜

选址不宜事项，见表2-2。

表2-2　选址不宜

	说明
快速路边	主要包括高速路边、快速路边，即便有客流，也不易作为门店选址的依据。经过性顾客较多，不方便到店，加之车速较快，存在安全隐患，顾客能看见就是吃不着。
坡路上	相对于平坦地面而言不方便顾客停留等，特别是下雨天、下雪天、霜冻天等恶劣天气下，不便于顾客到达。顾客停车或步行到店，也存在安全风险。但区位优势很好的除外。
障碍物处	门前有障碍物挡住视线，门前马路上有隔离带影响顾客方便到达等严重影响门店的可视性。对干道型商圈影响较大，要特别考量，谨慎决策。
居民少的路段	位于次干道，非人口流向岔道，居民少而且没有未来的位置区域。

（续表）

死巷深巷	不能在死巷，小区道路不通的较深位置开店，或深巷位置开店，一般大量客源不会深入。
桥梁底下	展示性不足，过往客人无法到达门店，其一般远离主要居住区，门店客流不足，集客能力不强。
不符定位区域	区域通过调研后，目标客层不适合门店经营定位，或当地习俗与门店经营商品结构有冲突并无法变通调整的。

定位

选址理论确定后，要做好门店定位工作。定位有综合店、专业店、体验店几种，在经营功能组合和商品选择等方面都存在较大差异。比如，定位成为最卓越的连锁式生鲜便民超市，做百姓的好邻居等，需要有明确的定位，并按照定位落实好。7-11 成立之初定位是"为顾客带来便利的店"，2009 年7-11 重新定义了应有的经营姿态——即作为贴近顾客生活的商店，必须努力实现"近距离的便利"。

门店服务于顾客，要有明确的定位。定位就是对顾客服务价值的诉求；另一方面，定位要随着环境、自身条件、发展阶段而做相应的调整，符合趋势，甚至引领趋势。

一、客层定位

客层定位就是分寸管理或区间管理，是对顾客属性的基本判断与选择，包括中老年、青少年、儿童及幼儿、特殊群体（医院病人、学校等特定人群）等，要有明确的目标客层。

二、经营业态

超市业态选择有综合性超市、生鲜超市、生活超市，还是功能性超市或便利店等，都略有差异。对于社区超市业态来讲，业态经营就是扎根商圈，立足社区，服务居民。

三、商品定位

商品定位分高、中、低，传统的、现代的，还是流行时尚的。商品组合定位分世界的、全国的，还是区域品牌等，都要清晰准确。如，社区超市业态商品选择一般锁定厨房用品，满足居民一日三餐所需，以老百姓吃、用为主。

方法

有原则、有理论、有定位后，选址需要注意的就是方法，选址方法主要包括找店、挖店两种方式。

一、找店

1. 拓展人员拉网式排查：要求拓展人员，专业度高、了解负责区域，对区域内可选择、有效网点资源进行了解，并通过拉网式排查，掌握资源信息，第一时间将网点纳入麾下。

2. 与开发商或中介机构合作：与开发商合作，形成战略联盟，业态可作为合作方项目的配套项目，提升他们项目的开发价值；还可与房屋中介进行合作，第一时间掌握房屋出租信息，如21世纪房产中介、链家等。

3. 媒体信息（报纸、网络、DM等）：第一时间查阅公共平台登出的物业出租信息，对信息具有很强的敏感度。比如二手房网、58同城等专业性网站，平面媒体（晚报、日报）房屋出租专版等。

4. 全员介绍：可通过报点奖励方式，发动公司全体员工、家属、员工的社会圈，扩大介绍群体，发掘房屋出租转租信息，即为全渠道、全方位、密集式开发预定点。

5. 合作厂商介绍：把厂商特别是商品供应商作为很重要的群体，他们给很多门店提供商品，在门店转租、退租上得到信息较早，为门店接店创造有利的机会点。

6. 资源掌控者介绍：特别是能够掌握连锁经营信息、物业资源的群体，包括政府部门、社会团体及物业管理部门等人员，同他们搞好关系，也是一笔很大的资源。

二、挖店

这种做法的特点就是挖墙角。那些位置佳的店铺，可以作为有效开发点，列入开店预选，但如果他方正在经营，则成功几率低。一般通过兼并转换、置换或合同到期后，以优于现有租赁者的条件，才有可能变成自己的店。

盘点预定商圈，找出可开店区域。进入区域，锁定可开发的现有房屋，创造获得机会；按重要程度列出顺序和开店目标；搜索重点区域内符合我方条件的所有房源，包括不经营超市的、暂时不出租的房屋；逐个洽谈合作意向并做好登记。

备注：一般情况下，不采取挖店的方式，主要原因是挖店所付出的成本高，还会树敌。

标准（条件）

没有规则，不成方圆。

选址还需要一定的标准，主要包括能可持续经营、有定位客层、便利性足、物业配套符合要求等。

一、可持续经营性

店铺要具备持续的竞争力，租期应不少于 8 年。培养性商圈或乡镇商圈年限可拉长至 15 年或更长。要有做一辈子社区好邻居的打算，决心扎根社区，服务居民。

二、有定位客层

根据社区收入高低，客层户数要求不等。一般 500 米范围内不少于 3000 户，1000 米范围内不少于 5000 户，低收入地区或流动人口较多，指标会更高一些。

三、出入方便，交通便利

行人进店、开车停车都必须方便。台阶不能多于 6 个，门前场地要平整，有台阶的要配置扶手护栏，台阶及外围地面要做防滑处理。

1.明显性：从几个方向上向门店靠拢集中时，容易辨识，容易被发现，能提醒、引导顾客到店。对于交通转运站、干道型商圈，明显性非常关键。

2.透视性：当人们在门店外，通过门窗传递给人们什么信息，能够吸引客人进店？要通过门或橱窗展现卖场环境与氛围，实现内外一体，环境到位。确保透视性是门店形象设计的重要内容。

3.便利性：要便于到达，包括门前是否有隔离带，门店是否有停车位等。消费者对便利性的要求必将越来越高。

四、物业标准

物业标准，见表 2-3 所示。

表2-3　物业标准

项目	标准	备注
建筑面积	一般包括公摊面积，公摊面积占比在20%以上。需要在正式合同签订之前对面积进行复核，以免面积差异较大而带来不必要的麻烦，增加未来经营压力。	

（续表）

经营面积	房屋可用于营运使用的面积（含卖场、仓库、办公室）。便利超市一般在150~300平方米。对于社区业态，面积要与经营能力相匹配，并不是越大越好，要符合评效标准，面积过大会造成空间浪费，增加经营成本。	
面宽	经营房屋可展示给顾客的临街面的长度，即为面宽，小型便利超市的面宽至少为5米。	
纵深	房屋内部深度，一般为8米以上。	
层高	就是地面到横梁的高度（非地面到天花板的高度），至少在3米以上（装修后顾客才不会有压迫感）。	
功能配套	包括电力、生活水源、宽带网线等，并符合配置安全标准。电力一般在20~60千瓦，最好为三相电。	

商圈

前面工作都锁定后，接下来就是做好商圈方面的工作，要了解门店的顾客来自哪里。

一、关键定义及内涵

1.商圈半径：是指门店吸引顾客、服务顾客的空间范围，或平面范围。但商圈受交通状况、竞争及人工和自然障碍等因素的影响，往往形成各式各样的形状，并不规则。

2.商圈调查：是指在锁定范围内，对选址有关决策基础依据进行调查取证的各项活动。商圈调查是一项辛苦而又要求科学的重要工作，需要调研取得准确信息、正确数据、一定参照系，还要在一定假定条件的基础上模拟与推算，才能获得概率性基础数据。

3.商圈分析：通过商圈调查后，对商圈调查的相关指标进行分析比对，确定此商圈是否具有开店的可行性。通过商圈调查与分析，可以对商圈进行分类，有利于门店商品配置，给门店未来经营提出商圈建议。

二、商圈半径

就是以顾客步行能够达到的有效距离。但商圈大小往往受到城市与郊区、乡镇市场、超市面积大小、出行方式、购物频率、商圈特质、替代性等因素的影响。

商圈按距离店铺远近分为主商圈、次商圈和边缘商圈。如表2-4所示。除了门店吸引力可能会扩大门店商圈半径外，商圈半径的大小取决于顾客，某种程度上不是门店可改变的。连锁决策者、经营管理者、拓展人员必须有商圈的概念，才能做好商圈管理与区域网点的战略布局。如图2-1所示。

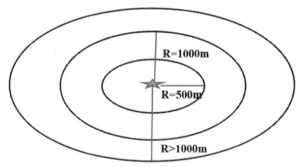

图2-1 商圈半径

表2-4 接距离远近分类商圈

按来客，密度分层	主商圈	次商圈	边缘商圈
半径	500米以内	500-1000米	1000米以上
步行时间	5分钟之内	5~10分钟之内	10分钟以上
来客占比	55%~75%	15%~25%	其余

1.主商圈：就是距离门店最近，并有高密度顾客群的区域，距离门店500米步行距离，顾客销售贡献度占70%左右。

2.次商圈：紧贴主商圈，连接主商圈500~1000米商圈范围，顾客群相对较稀，顾客销售贡献度占 20% 左右。

3. 边缘商圈：是位于次商圈之外的区域，距离门店 1000 米以上，顾客销售贡献度占 10% 左右。

三、商圈分类

商圈构成因素一般都不会单一，只是哪个特质更加显著一些。根据商圈特性和特质，又可分为"社区 + 文教""商业 + 办公""办公 + 社区""社区""交通干道"等类型。商圈属性的划分更有利于门店的商品配置，依据商圈特质扩大特定顾客人群占比。如表 2-5 所示。

表2-5　商圈分类

类型	说明	图样
交通干道	明显度好，有广告效应，可吃到四个方向来客，客流量大，销售有保障。但竞争激烈，租金价格高。最佳位置位于三角窗或主次干道的聚客集散地。	
商业区	商业氛围浓，客流量大，商业繁华。消费点为流动人口为主，快速消费品占比较高。优点是对门店展示宣传效果好，但商业竞争激烈，租金高，经营风险高。最佳位置为商业街的阳面或主要商业区或商业区的流向方向位置。位于城市主商业区或次级商业区或新型商业区，随着社区商业发展，也可能位于区域商业中心。	
社区型	有稳定的顾客群，业绩稳固，顾客忠诚度高。但受社区的规模、消费力影响大。最佳位置为社区入口或通向社区主要流向上。下图中ABCD所在的顾客流向的位置皆可开店。但要注意： 要关注社区居民的动线，卡住动线的咽喉； 要特别注意社区的规模和消费力； 要关注社区的未来走向。	

（续表）

混合型	某些位置同时具备前述多个商圈类型的特点，属于多元化的消费习性。下图中有住户居民、有单位办公、有院校学校等，属于混合型商圈，体现出多元化消费特性。	
孤岛型	人口相对集中，远离城区，需求旺盛，供给缺乏，竞争度低，购物不方便。	无
其他型	现在还有封闭式商圈（大学校园内、小型岛屿、政府事业单位配套等），写字间密集区、大型工厂区、大型社区的内部等。	无

四、商圈调查

商圈调查的结果是选址、投资、经营运作决策的基础，商圈调查的关键要点如下：

1. 固定客源是指商圈内门店主要消费群体，主要包括周边居民、驻地单位。固定住户数如何确定？人流量如何确定？一般固定居民户统计只能靠调查，或通过小区物业来了解住户信息；新社区可通过晚上数亮灯数来了解居民入住情况，也可以通过物业获取入住情况。

2. 客源特点是指客源的属性，主要包括民族、职业、年龄、教育程度及收入。比如，在少数民族居住区开店要尊重他们的风俗习惯，在商品选择上有禁忌，要尽量避开禁忌类商品。

3. 交通流量是指在选定时间段内通过目标区域某一地点、某一段路或某一车道的交通实体数，主要包括过往车辆、过往行人等。人流车流量是通过选择不同时间段，统计过往行人和车辆经过情况，根据加权平均，选择一个行业入店率标准，来计算出到店顾客及生成交易笔数。

进店率，是指门前流量进入店内的比率。进店率＝进入门店人数／门前通过总人流数，一般在十分之一以内，这种指标是干道型商圈决策的重要参考指标。

4. 竞争店是指相互能够替代、分流客源的同类或相似业态门店。包括竞争者数量、销售额、物业结构、营销策略、发展理念及公共附属状况，现有竞争者 SWOT 分析，竞争者短期与长期的变化，饱和程度。操作中一般要做 SWOT 分析，以建立差异优势。

5. 磁点就是能够组合扩大磁性的各个点，包括餐饮、娱乐、药店、美容美甲等能够共同聚客的其他业态，称为磁点，可以共同把商圈做大，提升聚客能力。门店附近可吸引或提供大量顾客前往该店，对该店的业绩产生持续、长久影响的场所或机构，如大型医院、大型交通中转站、大型门店功能业态、公共服务配套等。

6. 商圈调查报告，即通过拟定商圈进行有效调查后，由调查人员生成调查报告，包括商圈现况、居民属性、消费习惯、消费层次，有效磁点，竞争情况等，形成商圈图，并对门店商品组合与经营定位提出配置建议。

五、商圈图绘制

将商圈内主要磁点、竞争者、主要顾客群（包括商圈小区、驻地单位等）、交通道路主要流向、商圈消费能力及潜力、建议门店定位等，一并标注提报。商圈图例，如图 2-2：

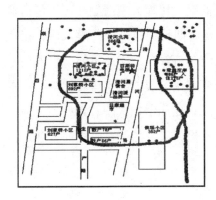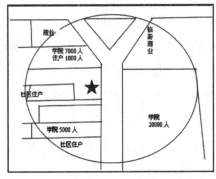

图2-2　商圈图例

商圈不是以直线距离为半径，一般以顾客步行到门店时间为参照，形成一个不规则的商圈范围，称之为商圈图。商圈范围与城市的经济发展水平有关，还与门店所在的位置有关。三级以上市场和乡镇农村市场商圈范围差异较大，特别是乡镇市场及农村市场，商圈范围可能扩展到几十公里，并且商圈差异性较大。目前，许多地方都有赶集的传统，商圈半径就会拉得很长。

六、商圈分析

调研调查完成后，依据商圈图及商圈内部实际，可以从商圈成熟度上将商圈分为投入型、成长型、成熟型和衰退型四类。

1. 投入型商圈

区域商圈目前没有开店效益，也不符合开店的标准，相当于在一片荒地上盖房子，做生意，投入与经营成本一分都不少，前期经营压力较大，一定处于亏损状态。但此位置商圈未来有发展潜力和价值，具有中长期目标贡献，需要现在占据优势位置，投入培养或等待商圈逐步成熟，比如提前介入进行形象展示，未来能获得较大收益，并在合同期限内总体预估收益达到中等以上水平，这样的商圈可称为投入型商圈。投入型商圈合同签订期限一定要长，才会在合同期内有效益，实际需要单店进行测算。

2. 成长型商圈

区域商圈一直在成长，门店业绩也在成长，效益一直在提升，并且提升的空间还很大，这样的商圈可称为成长型商圈。比如大型新型社区（包括鲁能、恒大、万科等开发的大型社区），开发周期长，居民分阶段入住；正在建设中的未来交通主要干线商圈，目前人流车流较少，交通不便，目前还不能满足门店客流需求或效益不足，但随着商圈逐渐成熟，销售和贡献度也在逐步提升。或者是正在建设中的功能性商圈，比如增加医院、学校、驻地单位等。成长型商圈开店不一定一开始就是亏损，采取的策略是提前入驻，占据优势位置，并可能多布网点，做强区域。

3. 成熟型商圈

区域商圈相对成熟，商圈功能齐全，已有多个竞争者存在，并有先入为主的优势，一旦选择进入，竞争激烈，必须有差异竞争优势才能博得一席之地。采取策略是与现有竞争者错位经营，形成差异优势，共同做大商圈。如果无法错位，彼此杀伤成必然，能不能留下要看实力和能力。该类商圈成熟度高、竞争激烈，特别是创业期连锁企业要秉持谨慎原则，选择进入，以免成为公司的负担。

4. 衰退型商圈

区域商圈开始分流，消费人群搬迁。一般属于老城区、老社区。一是出现城市功能转移，新城区开发，城区功能相对弱化；二是老社区居民搬迁至新型社区，商圈客层与消费能力、特点出现变化；三是驻地单位出现搬迁，影响到区域商圈整体消费能力。这种商圈类型，采取的措施是一般不选择进入，非要进入必须确保短期内能够盈利，可作为短线项目开发。对于商圈中已有门店项目，评估存在价值的可行性，如果没有价值就要采取关店或移店方式寻找新价值位置。

出租方甄选

选址的一切论证完成，并做好商圈分类定性后，接下来重要的环节就是对出租方分析判断，确保长期可合作性。

一、出租方类型

出租方主要包括政府机构、事业单位、企业、个人等，可简单分为个人和单位。

1. 个人：选择个人的房子，对房东的基本情况要掌握，判断其能否履行好合同，要做好期限内风险性评估。主要体现在反悔或多次反悔方面。如连锁企业同个人签订房屋租赁合同后，结果因其家里其他人不同意而进行毁约，则又通过重新洽谈，做出让步后再次签订合同。待门店装修进行一半时，房东又毁约，提出新的条件。与个人签订合同要注意两点，一是签订合同人是否具有法律效力签订合同；二是有赔偿性约定并在开始阶段就做好个人信誉评估。

2. 单位：政府机构、企事业单位履行合同能力相对较强，双方只要合同权责约定明确，期限内违约的风险较低。公司越是正规、规模越大，越要选择单位房子承租。但并不是完全没有风险，遇到对方相关人员调整，也会在协作、续租上面临一定风险。

二、协作约定

权利和义务分明，相信沟通可以解决一切问题。在营运中，保持良性的沟通，有协作事项需要第一时间同房东沟通，齐心协力解决门店遇到的问题。

三、风险掌控

在轻资产发展中，租赁方式是取得房屋使用权的最佳方式，而所有权真实性和有效性必须作为合作条件提前确认，必须确保合作方在房屋上具有法律、产权上的合法性、唯一性，否则会给门店经营带来很大的麻烦。比如，有产权不清楚的房屋，一家连锁企业在发展中，取得一个房屋并开店，但开业后有人拿出了法院的判决书说房子是她的。经过了解大家才知道该房屋法院已经判决，但没有强制执行，该企业卷入这起房屋产权之争中，特别是在租金支付上遇到很大问题，造成门店不得不关闭，给公司造成了不小的损失。

同时，租赁房屋涉及到二房东、三房东时要小心，尽量与房屋持有人、原房东签订租赁协议。在这方面发生的纠纷案件也较多。如果确实风险高或不易控制时，可以选择放弃。

1. 确定房屋合法证件

包括房产证，有土地证的，还要确认土地证等。农村宅基地房屋的，还需确认相关证件。

2. 合同中明确关键条款

合同是确保长久的保障，在合同中明确约定因产权原因造成的责任承担方，确保最后一道防线有条款可循。

3. 风险把挖

拓展人员要加强风险培训，提升风险管控意识。同时，加大拓展部门对房屋合法性审核监管，加强法律、风控部门对租赁合同的审核，提升风险把控的标准。

四、关系维护

合同一旦签订，少则五年，多则数十年，所以特别需要做好同房东及物业的关系维护，建立良好的合作关系。一旦选择立地，就可能是长期经营，需要续订合同，关系维护更得放在第一位。要视房东、物业为合作伙伴和朋友，是能够相互支援的战友，甚至是可以依靠的亲人，而不是对手，更不是敌人。

平日里做好日常沟通，节假日做好慰问走访，做好感情维护，保障良好关系，才能确保长久发展与长久的利益来源。许多门店无法完成续约，到期后被其他人签约拿走，其因就是关系维护没有做到位。续约管理是网点管理的重中之重，甚至超越开发新网点，特别对于优质门店而言，更是如此。

流程

选址的最后一个环节就是要履行好法律文书生成的各个环节把控，并确保企业执行到位。

一、经营预测

依据商圈顾客及竞争店业绩，选择一家店作为标准，在假定条件基础上，测算出门店的当年度及未来几年的销售效益，并预估合理的投资回收期与合同期累计效益情况。

二、价格谈判

按照经营预测能承担的租金上限（原则上租金额占销售占比不超过 8% 为宜），及整体收益情况后，启动对房租、水电费、物业费、发票、免租期、电力配置等方面的洽谈。

价格谈判是与物业出租方洽谈的关键环节，价格能够锁定，基本能够达成合作共识。

价格谈判一般由拓展人员负责，共识建立需要多轮谈判才能完成，期间谈判策略与艺术性应运都能彰显出拓展人员的综合能力和过硬的基本功。

三、合同谈判

合同文本谈判：合法性、维修、退出、赔偿、不可抗事宜。

合同谈判主要是保障性谈判，对未来可能发生情况进行处理的提前共识，其共识较为容易取得，但必须约定明确，避免未来租赁期间风险。

谈判的策略及技巧，具有很强法律性，需要法律工作者来协助谈判。一般情况下，发生解约是由合同条款引起的，需要在合同条款起草、沟通及双方确认时，都有一个严谨且责权明确的约定及对应机制。

四、签订合同，交房

签字画押，选址阶段的工作完成，合同签订后，即进入新店开业筹备阶段。

在互联网时代，虽然现有的选址方法随技术更新，但选址基础工作还是传统的，需要实地调研、考察，了解商圈及顾客消费特点、能力和属性，这个环节是互联网技术无法替代的。在未来的发展中，连锁企业可以打造"传统选址＋互联网"模式，将互联网技术作为提升选址决策的一种先进工具，并提高调研及决策的科学性。这需要多方有志之士多研究、多做贡献。

第3章
筹备开业攻略

按照标准成功选址后，接下来就是筹备开店。如何确保新店成功开业，是门店成功的第二根接力棒。需要做好开店的各项准备工作，力争做好、做到位，才能让新店"插上翅膀飞起来，飞向远方"。

取一个响亮的名字

取一个能够支持单店及连锁化发展的名字，并且贴近业态，符合经营定位和市场需求，并选择好字体，必要时也可进行商标商号注册，做好知识产权保护等工作。

架构一种文化体系

包括使命、愿景、核心价值观、精神、经营理念等，一开始有一个文化基本架构。虽然不一定永远合适，但只要有，就可以发展完善企业文化内容，在不同阶段完成与发展相匹配的诠释和注解。

建立一套形象识别系统

应用企业特有的形象元素对门店外观进行装潢，达到简约、时尚、亲切、醒目、明快、通透的效果。可以选择一种颜色或几种颜色组合作为企业的主色系，包括招牌、外墙面、橱窗等外部颜色，以及三色条、货架、设备、天花板、墙壁等内部空间颜色，建立标准的形象体系。

一、招牌

招牌如人，是便于识别的识别体。在满足辨识性的基础上，还要有美感，值得人们多看一眼。招牌如美女的眼睛，要好好妆扮好这个眼睛，让其有吸引力，还要让招牌能够跟上时代，因时代而变，魅力长存。门店招牌一般分为主招牌、立招牌及引导招牌三类，因门店而异选择。

1.招牌设计原则

（1）易于识别原则：识别就是醒目、容易辨识、容易记忆。标识清晰，名字朗朗上口，容易记忆，并与竞争者有差异，有内涵，能够在很短的时间内被判断。

（2）色系相符原则：色系要与门店主色系一致，确保内外一致。主色系为冷色系，招牌就要选择冷色，暖色系就要选择暖色。

（3）定位相符原则：主要通过招牌色系与整体感受，让顾客形成经营判断。因此，招牌设计要与门店经营定位相一致。如以生鲜为主要选择冷色系，要主动在设计中融入生鲜元素，传递核心信息，形成顾客正确的价值判断来吸引目标顾客进店。

（4）形象展示原则：能够代表企业形象，要阳光、有激情、积极向上，有美感、有格局，给人们带来正能量、正价值。比如，强调视觉延伸效果，阐释企业充满希望与活力，崇尚健康生活，维护社会绿色环保的经营理念。

2.招牌标准

（1）安全标准：招牌一般悬挂在前墙面，并有一定的重量，由各个功能模块组合而成，还有用电配置，需要将安全放在第一位。曾经有个门店因招牌安装不牢固，掉下砸到行人，造成较大损失的案例。要在支撑架、组合框、配件、线路漏电保护等方面都有严格的标准，要规范好维护期限、使用期限等，加强定期检修维护。

（2）空间标准：一是长宽高标准，既能有效让顾客辨识，也不能造成成本浪费。主招牌一般宽 1.2 米，高 0.3~0.4 米，长不能少于 4 米，展现相对协调，当然还要根据门店面宽来设计；立招牌一般宽 1.2 米，高 0.3~0.4 米，长不能少于 1 米；引导招牌也可以是立招类，也可以是平面幕布类等，因店而异。二是材质的标准，比如是使用亚克力还是 3M 等，进口还是国内品牌材质等，都要有一套严格的标准。

（3）展示标准：有的配置灯管，有的没有。对于夜间经营的门店要配置灯管，夜间亮灯，白天关闭。开启时照明度约 150lux，布光均匀，无亮度死角，留有检修口，防水，配置时控、光控开关。

（4）防水檐：不锈钢材质，依招牌长度制作安装。

3.招牌养护

注意清洁度、靓丽度，要每时每刻给行人传递自身优质形象。要及时清洗，及时维修，确保招牌形象到位，获得顾客正面评价。往往对于一个有价值判断的企业来说，招牌能否完整地展示形象，也是判断该企业管理到位程度、可信任度的标准之一。

4.招牌优化提升

招牌要随着门店形象的提升而提升，门店定位的调整而调整，还要随着新技术、新材质的改进而改进。比如有 LED 技术、替代性材质等都会给招牌锦上添花。

二、店外正面形象设计

包括外墙、banner、门窗、功能标示等在内的形象展示。具体如图 3-1 所示。

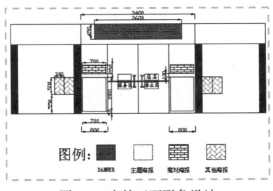

图3-1　店外正面形象设计

1. 外墙：整体效果突出淡雅、温馨、协调、洁净的感觉，与门店形象色系一致，符合安全原则。

2. 店门：长宽及厚度要有明确标准规范，门两侧的门窗也要有一个标准，显示整体效果和谐统一。

3. 店窗：窗户长和高也要有相应的标准，保持形象协调。同时，窗户的透视性也是很重要的一部分。

4. 主题海报：作为档期活动与门店沟通的主要窗口，张贴在门店 banner 上。标准略小于 banner（长 2.6 米，款 0.5 米左右）尺寸，放在门口的正上方。

5. 局部海报：作为门店此主题活动的推荐海报，承载门店关注点与顾客需求激发的主要媒介，有着很重要的作用。一般高度距地面 1.2 米，宽度确保在 0.6 米左右。

6. 其他展示：主要是一些临时性促销信息，作为辅助沟通功能提醒、吸引顾客到店，形成消费。

7. 提示信息：主要是一些功能性信息，包括营运时间、不准带宠物、不准吸烟等提示信息。

三、店内空间设计

门店内部整体空间应用以企业代表色如：红、淡黄、橘黄、橘红色，局部配以熟褐等辅助色，在统一、和谐中寻求变化、对比。营造明亮、温馨、轻松、舒适的购物空间。主要包括天花板、墙壁（包括海岸线）、立柱颜色的确定，地面颜色及地板砖规格确定，环绕内墙（距地面 2.6 米高处张贴 3 米彩色视条），灯光（安装高度距地面 2.8 米），陈列器械的颜色等。

四、Layout

功能区位，点、线、面布局规划，款台、生鲜、食品、用品、冷冻冷藏区、办公室、仓库及洗手间等要有一个较为合理的标准，避免空间浪费，最大可能的把门店空间留给经营使用。

1. Layout 定义

以建筑结构为基础，进行经营设施、设备及经营品项等布局规划所绘制的平面图。通过设计把该给顾客的空间还给顾客，实现经营空间的效益最大化。

2. Layout 设计原则

Layout 绘制须遵循的经营理念、客服要求、安全要求、商品陈列原则、操作流程、动线等一般性规律。Layout 绘制因地制宜，随机应变，要依据门店所处商圈的特点、面积大小、形状结构、商品销售与潜力进行设计。通过均衡分配设备与商品的空间，顾客、职员与动线的空间，突出重点商品及高销售、高潜力商品，达到提升业绩、提高购物率、提高入店意愿、提供给员工和顾客舒适的空间等目的。

（1）关联布局原则：活用关联布局，将关联性商品布局在关联动线上，形成联动销售。

（2）重点类别原则：善用商品属性配置，将重点类别商品布置在人流方向的黄金位置。

（3）动线流畅原则：顾客动线越长越好，员工动线越短越好，引导顾客尽量走完卖场，尽可能大的扫描门店商品。

（4）强调透视原则：在门窗位置合理布局，让顾客在外面能够看到卖场环境，提高顾客入店意愿。

（5）维护安全原则：商品及生产设备一定要安全，将安全因素导入门店布局中，保障顾客、职员、门店商品及环境安全。

3. Layout 基础店型

Layout 的绘制采用模组化的方法，快速且标准化复制连锁店。从经营者的角度来看，门店实际可使用的区块形状即为店形——除卖场范围外还包括仓库。卖场形状太多，几乎找不出完全相同的 Layout。为了简化 Layout 绘制作业，将店形归纳，从入口向店内看，舍弃畸零忽略缺陷，可分为表 3-1 中的 9 种店形：

表3-1 9种店形

类型一	说明	图样	备注
面宽型	面宽，纵深短。橱窗视觉通透性最强，展示效果最佳。店形方正，易明确划分各功能区域，视面积大小选用各种标准配置。		
	——因为紧邻橱窗位置视觉通透性最强，展示效果最佳，一般设置自营商品：热食、面包、面点、水果、蔬菜柜台。 ——临近入口的一侧设款台及热食区，入口另一侧设置日配类包括报刊、杂志、面包、面点等陈列设置；一线延续设置生鲜区；联营专柜紧邻生鲜区后；冷柜区域的设置，应考虑室外机的安装许可位置，一般设在相对距离入口的最远、最深处，以便将顾客吸引入店。 ——收款区、生鲜区、冷柜区、专柜区与货架间的通道预留1.5~2.0米距离，以便顾客排队、挑选。 ——在主通道处预留主题促销品、奶制品堆头，在其余通道处分布纸品、酒水及饮料的堆头位置、磁石商品的堆头位置。		

类型二	说明	图样	备注
面窄型	面窄，纵深长。由于店面狭窄，通透性与橱窗的展示效果差。入口两侧除摆放款台、热食柜、面包、面点、蔬果展柜外，还要预留主通道，无摆放货架的空间		
	——需要对该类型门店的自营商品的展柜进行特殊设计。尽量缩小展柜的宽度，充分利用垂直方向的立体空间。 ——主通道宽度在1.0~1.5米；副通道距离可由1.0米缩减至0.7米。 ——冷藏冷冻柜选择标准尺寸。 ——考量整体空间、顾客通过率、停留率等设置货架、促销商品、磁石商品的堆头。		

（续表）

类型三	说明	图样	备注
正方形	店形方正，有良好的视觉通透性及展示效果。布局方式与面宽形店近似		

类型四	说明	图样	备注
深长型	店形深长，受店面宽度的限制，通透性一般。		
	——在设计时尽量将冷冻、冷藏区、联营专柜区设置在店内最深处，以吸引顾客入店。 ——根据实际情况决定款台的位置。如果入口在店面中间，款台及热食柜的陈列空间不够，宜将款台、热食区、面包、面点架、蔬果架设置在入口两侧，以便将中央通道的客流量分散并吸引到边侧主通道。 ——深长形门店的进深距离优于店宽距离，冷柜陈列多采用与恒温柜垂直的方式。		

类型五	说明	图样	备注
门开在角窗	入口开在建筑一角，或弧形或多边形，与房屋四壁不在同一水平线上。		
	店面特殊，款台、热食柜台造型必须突破常规，可做异形设计。在满足陈列要求的前提下，款台的走势既要根据入口走势设计，又要符合员工的服务动线及顾客的购物、结账动线。充分将入口区域的设施与店面形式融为一体，协调统一起来。		

（续表）

类型六	说明	图样	备注
扇形	一般出现在三角窗的位置，门开在正面。		
	——入口处，尽量将款台、热食柜设置在直角形的侧边墙壁。 ——紧邻橱窗位置设置自营商品：热食、面包、面点、水果、蔬菜。其余设施依实际情况沿环扇形壁面摆放。 ——冷藏区、联营专柜区设置在直角形的侧边墙壁。中央空间陈列货架，剩余空间可摆放堆头。		

类型七	说明	图样	备注
E形	店形狭长，店内数面平行隔墙将货区划分成几个独立空间，由一侧通道连通。		
	——如每个独立空间面积过于狭小，可将恒温柜、冷柜划分为两个区域，其余空间集中陈列货架。 ——入口处设置款台、熟食柜、面包、面点及蔬果柜台。利用零星空间摆放促销堆头。		

类型八	说明	图样	备注
L形	店形将货区划分为两个空间。在设计时尽量将冷冻、冷藏区、联营专柜区设置在店内最深处，以吸引顾客入店。预留转向通往卖场后部的主通道，布局配置符合本规范。		

（续表）

类型九	说明	图样	备注
无明确归属形	店内结构复杂，呈现不规则形状，墙体互不垂直，存在很多不能利用的房角。该类型店面通透性、展示效果不一。		
	——入口处设置款台、熟食柜、面包、面点及蔬果柜台。货架的陈列方向根据空间而定，但通道要顺畅并符合动线需求。 ——无法规整的边角地带做隔墙与货区隔离用作仓库，整体布局尽量营造整齐、完整的空间感。 ——间距小又无法摆放货架的立柱间，可用木质货架补缺。高度1.5米、宽度不超过0.6米。		

4. 绘制 Layout

Layout 规划应竭力满足商圈顾客的需要。员工工作环境及顾客购物环境上的安全感应最优先考虑。连锁门店尽量使用标准化设备，可在门店移动或关店时，实现再利用，设备标准化是连锁发展中设备配置与管理很重要的一条原则，特殊门店例外。

对门店进行精准测量，选择邻主干道处开门，避开障碍物；确定大型设备的位置，冷柜区应留成长空间，预留通道；确定收银区，预留顾客服务区，热食区紧邻收银区，便于照顾、维护食品安全；保证橱窗区最大程度的透视与美观，最好设置杂志架，增加橱窗的透明度，营造明亮卖场，以杂志创造人气，吸引消费者入店；落实便民服务专案，创造差异化经营；确保动线顺畅，合理安排磁石商品、冲动性商品（糖果、冰品、玩具）、结构商品的位置，提高客单价。

门店立地、格局等不同，Layout 设计重在事先沟通，设计主导，采购和营运部门可先行提供建议，力促各部门达成共识，旨在减少 Layout 末端与施工作业的困扰。Layout 是除商品外的第二战斗力，因地制宜是最大的原则，但并非漫无目标。

总之，没有一百分的平面设计图，后期门店的运营管理，团队的经验与用心极为重要，平面设计的目标是力求完美与均衡。

五、店内氛围设计

"声、光、色、动"空间经营管理哲学，如表 3-2 所示。

表3-2　店内氛围设计

项目	内容	备注
声	主要是背景音乐、广播系统，还有电子平面展示系统，能够用声音与顾客共享信息。	
光	就是亮度和色度，包括卖场灯带、生鲜区、畜禽区等区域的专业灯，款台及特殊销售区域光设计，通过不同色系光线与照明度，极大提升商品贩卖品质。	
色	主要指颜色。门店内部总色调及区域色系的协调统一、整体搭配，提高门店整体品质。还包括员工之色，员工仪容仪表及工装，也是门店动态之形象体现，也是门店形象的深层次的展示，其中最有影响力的为员工脸色，用心、真诚的微笑。	
动	即为动线。通过合理的动线设计将顾客引导到不同的销售区域，实现商品最大化的被顾客扫描到，即为顾客之动。形成员工经营管理之动线，便于提升门店动态管理，即为员工之动。	

六、功能设备

主要指陈列设备设施、信息设备、功能设备等。

1.陈列设备：主要包括货架、展架、陈列台、冷冻冷藏、储物柜、手推车、购物篮等，与门店氛围及商品融为一体，极大化展示商品品质，并辅助销售提升。小业态门店优于空间下，卖场货架高度不超过 1.5 米为宜，尽量保持货架顶层空间的透视性，减轻给顾客的压迫感。

2.信息设备：主要包括后台 pc、前台 pos 及支付设备等，还包括软件信息系统、门店系统、物流系统、财务系统、会员系统、总部系统、支付系统等。信息设备的质量必须上乘，还要安全，才能快速将商品转换为门店的现金。

3.功能设备：主要包括监控设备、110 报警系统、消防设备、卷帘门等，如果是 24 小时经营门店，在门店安全配置上要强化，比如还需要在办公室和款台区域设置报警按钮，在收款机下部设置即时投币的保险柜。

商品搭建

商品作为商业的本质，让商品说话这是商品经营的最高境界，除保证顾客基本需求的满足外，还要有利于提升顾客的生活品质与幸福感。

一、商品选择

要符合门店经营定位，要选定国际品牌、国内一线、二线品牌及区域品牌，确定一个较为合适的商品比例。还包括现场自制的热食、面包、便餐、熟食、加工类、煮蒸类等现场自制商品，生鲜项目等。

二、商品配置

商圈就是落地生根，死死的抓住顾客的心，关键在于形成门店第一份因地制宜的商品配置图。

商圈的属性或特性，决定着商品的配置，决定不同类别的功能配置占比，也就在某种程度上说明了门店是一个动态管理空间，形成动态之源就是顾客，满足顾客需求就是门店经营，经营就是极大化满足顾客需求。

三、商品渠道

依据门店经营品牌，选择合适的供货商，并签订供货合同。

促销及促销活动

　　促销就是指企业利用各种有效的方法和手段，使消费者了解和注意企业的商品、激发消费者的购买欲望，并促使其实现最终购买行为的活动。促销就是引导，挖掘顾客潜在的欲望，从而达成销售的目的。促销分为两类：一类是内生性促销，就是通过合理的商品组合和生动的陈列吸引顾客，其实商品在设计时已经在促销了，如款式、包装等；另外一种是外延式促销，就是通过赋予商品额外的价值和服务，达成刺激顾客购买的促销方式，如打折、赠送、抽奖等。

　　促销活动就是最大化的增加与顾客的交流，加深感情，提升顾客的忠实度。门店开业成功与否，一份有冲击性的档期活动至关重要，既要吸引来客，又要建立顾客的第一次消费体验。门店，特别是新开店要推进波段活动，锁定每波段主题与主打商品，既要有关联性，也要有区隔度，预留下次活动空间，进一步扩大顾客沟通，持续拉动客流，提升业绩。

　　门店要根据商圈特性，开展有针对性的促销及促销活动，吸引客流，增加了解，建立信任，不断扩大商圈半径。

门店团队打造

声光色动的灵魂是人，实现载体也是人。人使门店有了交流、有了情感、有了关爱、有了心与心的传递，人才是门店经营的核心。特别是对于社区门店，立足社区、服务居民，在客情建立上，人扮演着愈加重要的角色。

一、店长是员工的灵魂

店长的精神状态和面貌直接影响员工及顾客感受，店长是门店的灵魂人物。灵魂就是精神力量，就是要传递正能量。如何扮演好店长这一角色，至关重要。

1.店长的使命

（1）目标管理：创造优异的业绩，为顾客提供良好的服务。

（2）创造价值：为顾客创造价值，为公司创造利润，为员工创造职业发展。

（3）捍卫文化：企业文化的执行者与捍卫者，着眼公司的大局与长远利益。

（4）激发斗志：激发员工的积极性与创造性，营造愉快的工作环境。

2.店长的角色

店长的角色，如表3-3所示。

表3-3　店长的角色

项目	要求	备注
代理人	代理老板、代理投资人完成经营目标，实现投资收益；还要以老板的角度看待人、事、物，驾驭好人财物。	
传达者	将上层的方针、计划，准确且快速地传达给门店员工，保持信息畅通。	
指导者	指导大家工作，能工作，能承担责任，能提升门店经营品质。	

项目	要求	备注
稽核者	随时注意检查不合规事项，要立即纠错，回归常规，按照公司的标准，对于员工不到位之处，及时纠错，要符合稽核方向。	
防损员	对于店内所有的顾客、员工及商品都要确保安全，并落实资产与财物保值增值。	
情报员	在所属范围内，收集营运活动内有用的情报，与门店经营嫁接，推动门店业绩提升。	
发明家	在合规下，尽可能创新经营，提升管理，提出流程优化建议等。	
调整者	调整经营节奏，最大化满足顾客需求。按照商圈，依据商圈实际或商圈动态变化调整门店经营与商圈的匹配性。	
管理者	管理数字，管理流程、管理标准、管理品质，管理门店应该管理的一切，努力达成经营目标。	
员工	与员工一起工作，带头工作；身体力行，建立执行标准；担当员工职责，做到补缺补漏。	

3. 基本要求

对店长的基本要求，如表 3-4 所示。

表3-4　店长基本要求

项目	条目	要求	备注
素质方面	身体素质	身体素质一般是指人体在活动中所表现出来的力量、速度、耐力、灵敏、柔韧等机能。身体素质是一个人体质强弱的外在表现。	
	性格要求	细心、耐心；静得下心，学习能力强，逻辑思维清晰严谨，具有一定的亲和力等。	
	乐观开朗	能够正面积极展现自己的态度，并且在交流活动中能够影响他方。	
	能动性强	积极开展工作，主动完成目标任务，接受挑战。	
	忍耐力强	能够有较强的毅力和耐力，能够在逆境中获得反击的能力、开拓能力。	
	包容力强	能够容忍新员工犯错误，并有信心、责任感带动团队成员共同成长。	

（续表）

项目	条目	要求	备注
能力方面	经营管理能力	主要针对事，锁定于门店基本面，商品经营和连锁标准的落实管理。	
	组织领导能力	主要针对人，包括对门店人员的组织管理，也要对兄弟门店及总部职能部门、上级领导协同管理。	
	培训辅导能力	主要针对门店人员，专业度的提升，综合技能提升等培训指导能力。	
	专业技能	自己要有过强的本领，俗话说打铁还得自身硬，专业能力是门店经营提升关键性能力。	
	自我学习能力	主要针对能力提升，包括综合知识、行业趋势、新技术、新手段，创新突破、观念改变、思维优化等都需要学习来获得。某种程度上，学习能力代表的是开拓能力、代表的是可塑性。	
	诚信职业道德	诚信是作为店长的本质要求，也是能否被选择的关键考核指标。俗话说无信不立，无信则无机会。	
	勇于承担责任能力	勇于承担、敢于承担，负责任地承担、有成效的承担，是基本功。	
	舒展压力能力	经营管理本身会有压力，但压力需要进行疏解。作为店长，不能很好地缓解压力，也就无法变压力为动力，无法在压力中开拓进取。	
态度方面	做好榜样	树立正面形象、树立正面作为，以身作则，做好团队好榜样。	
	赢得尊重与信赖	这是对店长的基本要求，如果无法获得门店同仁的认可，工作是很难开展的。	
	善于沟通与交流	交流是作为店长的基本能力，沟通的有效性和成果产出，决定门店经营品质。沟通和交流到位，至少能获得正面评价，获得更多的理解与支持。	
	改善工作方法	这也是态度问题，有这个态度就可以听取别人的意见建议，甚至批评；还能自我开拓不断思考，提出改善举措。	
	自我反省与修正	一日而三省，就是不断的反省自己，包括成功、失败，做到他山之石可以攻玉的目的，这是店长能否做总经理的前提。	

（续表）

项目	条目	要求	备注
心态方面	积极乐观	在成果、成绩与困难、挑战面前依然保持积极乐观的心态是事业经营成功的保证。	
	主动热情	能够主动面对一切，不逃避、不推诿，能承担并热情应对一切。	
	专业务实	立足企业实际，通过求真务实的工作作风和经营特质，推动各项工作并能实现成果利益最大化。	
	空杯学习	零售业是一个学习、借鉴、创新、提升的过程，忘记过去、放下经验才能获得最大成长机会，空杯心态就是成长基础，也只有空杯心态才能获得多方面的学习成长的机会。	
	老板心态	换位思考，落实本质工作，才能极大化为投资人创造效益。老板心态某种程度上也是职业的心态，全力付出才能为老板负责担责。	
	职业心态	职业心态就是担责、履责，按照老板或决策机构确定的目标任务，通过身体力行、带领团队实现经营成果和效益的最大化。	
眼光方面	前瞻性眼光	连锁企业的发展，门店就是一个利润中心，也是一个综合服务平台。店长既要实现公司的经营目标，还要服从公司发展之大局，能够放长远眼光，把门店带到持续发展的道路上，并不断提升改善。而不是守旧、一丝不变、怀抱过去。前瞻性眼光决定了一个店长能否站在公司发展的角度审视、判断当下的一切，要知道目光远了，胸怀宽了，思路也就开阔了。	
	线上线下融合眼光	现代技术不断出新，营销技术不断迭代，互联网+对传统商业影响或者对传统改造也在加大。线上线下融合体现出强强联合，阿里和银泰与苏宁的合作，京东与永辉合作。在中国的顶尖企业之间实现强强联合，优势互补、资源再造等成为发展的常态。作为连锁发展企业，只有利用互联网企业创造的现代信息技术、空间技术、现代营销技术等，来提升实体平台的贡献力，这是大势所趋，势不可挡。要求店长要有"互联网+"的概念，也要懂得"互联网+"的知识、技术及手段，实现"实体门店+互联网"的开拓进取，这就是眼光。在新事物、新业态到来时，知道并懂得，还可善加利用，为自己服务，是眼光，也是境界，更是能力再生。	

二、员工是顾客的灵魂

在异常激烈的市场竞争中，连锁企业之间的竞争是服务差异的竞争，服务差异的竞争其实是人的竞争，谁拥有一支高素质的员工队伍，谁就可以在竞争中胜出。

1. 员工的重要性

一个连锁企业员工占到总人数的90%以上，是商业帝国的服务群体。如何调动员工的积极性，提高其服务技能和水平，是现代连锁企业竞争发展的关键，如表3-5所示。

表3-5　员工的重要性

项目	内容	备注
商品销售桥梁	门店销售的每一件商品都是通过员工销售出去的，员工是实现商品销售的桥梁。一个商品能否被顾客拿走，除了顾客对商品的感觉判断外，对员工的感觉也占很大的比重，而不是简单的决定于商品本身。故此，员工的桥梁作用是否良好对实现商品销售至关重要。	
了解顾客了解市场	员工直接与市场和消费者相联系，它可以为市场分析及定位提供依据。销售商品是连锁企业活动的中心，员工是连锁企业"冲在最前沿的战士"。在瞬息万变的商业市场上，员工是连接企业与顾客的纽带，他们知道哪些商品畅销、哪些商品是不受顾客欢迎的，他们了解市场变化，了解顾客需求的变化，这些都是企业决策的重要依据。因此，门店决策者一定要建立起畅通的信息流通和反馈渠道，重视一线信息反馈，善加决策利用。	
客户管理基础	拓展顾客难，维持顾客更难，员工服务水平的高低直接影响着顾客对门店的感受。对于连锁企业来说，顾客作为企业的一种稀缺资源，同人力、资金、时间等资源一样都是有限的，而各零售店之间的竞争就是顾客资源的竞争。员工服务的核心就是通过为顾客提供优质的商品和满意的服务来争取更多的稀缺资源。所以说，员工是不断的造就连锁企业的优势，把一次性客户转化为长期客户，把长期客户转化为终身忠诚客户，做好客户关系管理，逐步提升顾客价值再造。	

（续表）

项目	内容	备注
商业品牌传播者和维护者	员工处在销售的第一线，是连锁品牌的载体，是品牌的传播者和维护者。员工通过为顾客提供服务和帮助把企业的品牌形象和内涵传递给顾客，是连锁品牌对外传递的窗口，消费者通过员工提供的商品和服务来认可连锁品牌，感受品牌的价值及其给自己创造价值的多少。顾客对员工的感受，其实是对门店的感受，对连锁品牌的感受。因为顾客只认得这个是沃尔玛、那一个是家乐福、另外一个是大润发还是王府井，不管提供服务的是谁，都得为顾客提供服务、解决问题。所以说，顾客通过员工认可门店和品牌，或者因为门店员工也否定了门店及品牌。	

2. 如何确保员工服务水平

确保员工服务水平的方法，见表 3-6。

表3-6　确保员工服务水平

项目	条目	要求	备注
营造积极向上组织氛围	概述	为了使门店团队成为一支优秀的销售团队，为门店持续不断的创造利润，就需要企业尽力打造一个积极向上的组织氛围，让员工愿意工作，愿意与顾客打交道，愿意开发、引进好的商品，给顾客提供满意的服务。	
	创造信任	作为管理者，应该不断地创造一种信任的组织氛围。如果你正直而忠诚，你就应当信守承诺，那样员工才会相信你。他们在这种氛围中更加愿意工作，工作起来更加卖力，他们的潜力也同样能够发挥出来。	
	尊重员工	员工是企业最大的财富，尊重他们的知识、尊重他们的才干和工作中的看法，对于改善企业与员工、管理人员与员工之间的关系至关重要。如果企业不这样做，员工在工作实践中积累的大量知识和学习财富就不愿意奉献出来，无法与企业共同分享，也就无法实现门店、员工和顾客之间的共赢。	
	以身作则	行动胜于言辞。对于管理者来说，如果有好的决策，采取了好的措施，带头执行，才能说服员工跟着执行。如果只要求员工在工作时不能打电话，但自己肆无忌惮大声打着电话，管理很难使员工心服口服。只有站出来和员工一起为同一个目标而共同奋斗，他们才能卖力工作。	

项目	条目	要求	备注
视员工为顾客	概述	为实现工作目标，为员工提供及时服务，帮助员工解决实际工作中遇到的问题。对于员工，就如同满足客户的需求一样，为员工提供服务，视员工为企业的顾客，给他们提供满意的服务。	
组织培训重在沟通	概述	员工分阶段的接受培训，第一阶段就是基础管理制度和理念的培训。第二阶段是知识和技能的培训，培训过程中注意员工之间的相互沟通。员工之间的沟通是非常重要的，企业在培训的过程中一定要组织好员工之间的相互沟通，因为在共同沟通的过程中，员工既可以学习对方成功的经验，又可以借鉴和吸取对方的教训，变成自己的经验。	
心中有目标	概述	将门店的目标分解为个人目标，成为指导他们努力工作的方向。目标的实现需要他们的共同努力，使他们的工作价值得到尊重和认可，致力于实现门店及企业目标。	
建立员工管理和激励体系	概述	包括培训体系、规划发展体系、激励保障体系等，全面合理地利用和调动员工的积极性和创造性，形成企业竞争力，为实现企业的预期目标提供人力资源支持。	
	自愿度高	通过合伙人制把员工的利益与门店利益紧密结合，提升员工的积极性。	
	兑现承诺	员工创造效益后，要提高效益成果激励兑现的及时性，提高激励效果。	

三、顾客是门店的灵魂

门店没有顾客，就没有灵魂，顾客是门店的灵魂，掌握顾客的灵魂就是拥有了顾客主动权，获得了顾客的忠实和信任。顾客以使用人民币的方式为他们满意的门店进行投票，门店没有顾客，也就没有顾客投的票，也就失去了继续存在，再次创造价值的机会。

选址后筹备开业的各项工作，也是从零开始的工作，是从无到有的过程，最后展现门店整体形象与设计，给顾客展现出诚挚的、令人兴奋的、能干的、世故的、狂野的、保守的或现代的、可靠的、值得信赖的。能够让顾客有个性认知，又能形成差异判断，形成良性记忆，进而带动来客，培养忠实顾客。

第4章
门店养成攻略

　　门店经过投入期、成长期后，进入了成熟期，成为有贡献的门店，从商圈、顾客、商品到门店团队都相对成熟。此阶段要将门店打造为旗舰店，成为展示连锁企业形象的窗口，展示连锁管理的平台，展示顾客服务的空间，展示软硬实力的体验店，成为连锁门店的标杆。建立标准，建立可复制的运营模式。

成店原则

成店，就是把新开店在合理的时间内培养成符合公司要求与期望的门店，其中包括商品调整、销售提升、客流增加、商圈巩固、门店团队的磨合等，达到公司预期目标。基本原则如下：

1.客流提升原则：通过门店经营特别是有吸引力的销售活动，带动来客，确保门店客流成长。

2.氛围塑造原则：氛围是带动门店销售提升的重要指标，也能把良好的氛围传递给顾客，创造顾客二次消费的机会。

3.销售提升原则：门店采取的任何措施，都必须有利于当下或今后的销售提升，都要求成果的兑现。

4.能力提升原则：团队能力打造是门店养成最困难的事情，门店要拿出相当多的时间和精力来提升门店的团队协作能力与经营开拓能力，需要以能力提升为原则，实现成店目标。

空间管理

随着物业成本和使用成本越来越高，确定最有效的门店面积也是确保门店能否成功的关键。门店面积并不是越大越好，某种程度上"大就是小，小就是大"，大是负担，小才是效益。

在最经济的面积中，门店空间依然是短缺的，这是常态。对空间的极大化利用就是水平，也是设计的核心。并且，顾客对商品的需求越发多元化，满足这些需求的商品开发不断延伸，在空间有限的现状下，对门店空间的需求压力也在加大。

在空间管理上，门店竞争力也体现在对空间的利用率上，利用率高相对成效也高。否则，过多闲置、低效就造成空间的浪费，降低了门店的获利能力，也影响了门店的竞争力。

一个优秀的企业，一定是一个优秀空间的驾驭者。就如同中国高楼多，源于土地不足，为满足住房需要而对空间的极大利用，有的楼高直冲云霄，其目的就是通过空间来解决面积不足问题。

一、平面图管理

确定好什么是商品陈列空间和顾客使用空间，门店在进行平面设计时要把顾客的空间还给顾客，尽量减少对顾客空间的占用。比如合理的通道空间，这是顾客空间，主、副通道宽度不同，业态有不同的标准，但往往因商品空间压力大，而占据了属于顾客的空间。门店日常管理很重要的一项内容就是平面管理，并尽可能地对平面优化，再优化。

平面管理属于经营范畴。平面管理标准为门店平面图（Layout），已在第三章中做了说明，并且平面图属于动态管理，要遵循效益产出最大化目标原则。

二、商品配置表管理

英文名称为"facing"，日文名称为"棚割表"。facing，是商品排面做恰当管理的意思，而在日文"棚割表"的字面上，"棚"意指货架，"割"则是适当的分割配置，也就是商品在货架上获得适当配置的意思。因此，如将商品配置表定义为"把商品的排面在货架上做一个最有效的分配，以书面表格规划出来"，就可轻易了解商品配置表的意义。其目的就是做到空间利用最大化，提升效益产出。

三、磁点位置管理

将堆头、架头、款台区域、入出口等黄金位置，通过空间出售出租，获得最大的收益。有的连锁企业将门店磁点位置通过竞标的形式出租给品牌厂商，有的是常年出租，有的是中秋、春节大型节令出租，来获得收益与收入。

形象标准

形象作为门店基本之一，越发重要。特别是伴随顾客生活水平的提高而对体验性要求的提升，门店形象也将成为门店竞争的软实力，纳入更高层次，被决策层所考量。从 CIS 形象标准的设计，到门店环境氛围的塑造，到人员良好形象的展现等，都成为顾客能否进店，进店后能否选择商品的决定因素。

门店形象的关键在于维持。门店如家，管理门店就是管理家，家的舒适度一方面来源于自我感知，另一方面来自于客人的感知。顾客到店，其目的就是获得良好体验和幸福感。

良好的门店形象要求有三度，即清洁度、整体度和专业度，而三度的对立面就是"脏、乱、差"。

一、清洁度

基本要求是卫生干净，是门店生存的基本功，如果门店连卫生干净都无法做到，那么门店很难经营好。

二、整齐度

就是物有定位、物有归位，让门店商品及设备能够在合理位置上，满足经营和顾客需要。

三、专业度

就是符合门店经营水准，陈列、堆头商品，展架、广告制作物、档期经营等能够体现出符合现代标准，能够给顾客提供专业卖场环境和优质服务。

四、商业形象评鉴表

用最细化、最严谨的方式将要求形象制定为可评价、可判断的标准，供门店执行、供监督管理部门督查，实现上下标准的一致性，实现表格化管理的有效性。

评鉴内容主要包括门店外围、收款区、卖场、生鲜区、冷冻冷藏区、熟食区、顾客服务、基本管理等。

商品标准

商品上要做旗舰店。商品鲜度要鲜，不售卖陈旧商品；品类要全，满足顾客基本的生活需求；商品要新，要跟上时代步伐，要出新换代，追求新鲜感。

一、商品贡献度分类

1. 带来客类商品：这类商品主要功能是吸引来客，比如促销品、敏感性商品及生鲜品等，一般以大众化商品类别为主。

2. 做销售额商品：冲销售额的商品主要包括促销商品、高单价商品。

3. 做毛利额商品：主要包括自有商品、新品、独有等高毛利商品，销售一件毛利贡献率相当高。

4. 做功能性商品：结构补全类商品，主要包括电池、计生用品等类别商品。商品配置按照四种商品的贡献度进行配置与组合。

二、商品配置图的制作原理

每一个商品都应给予一个相对稳定的空间，主要考虑该商品在商品结构中的地位，又要考虑商品配置会影响商品的销售效果，同时也应注意商品的关联性配置对销售效率的影响。流通行业中，产品的滞销现象对企业是一个致命性的打击。在一个不足200平方米的店中，摆满了滞销品，而畅销商品没有位置，最后缺货，这样就会危及到门店生存。制作商品配置图最重要的依据是商品的基本特征及其潜在的获利能力。应考虑的因素为：

1.周转率：高周转率的商品一般都是顾客要寻找的商品，即必需品，其位置应放在商品配置图较明显的位置，尤其要与低周转率的商品有关系。

2.毛利率：毛利高的商品通常也是高单价的商品，或新商品与自有商品，其位置应放在较明显位置。一般放在货架黄金层（中间层），并要扩大排面，获得更大的销售机会，实现毛利创造。

3.需求程度：在非重点商品中，具有高需求、高冲动性、随机性需求特征的商品，一般陈列在明显位置。销售力越强的必需品，给顾客的视觉效果应越好。其主要能见因素为：顾客的视线移动，一般由左到右；视线焦点一般在视线水平的商品；最不容易被注意到是最底层商品。

4.空间分配：运用高需求或高周转商品来拉顾客的视线焦点，纵横贯穿整个商品配置图；避免将高需求商品放在视线第一焦点，除非该商品具有高毛利的特性；高毛利且具有较强销售潜力的商品，应摆在主要视线焦点区内；潜在的销售业绩越大的商品，就应该给予最多的排面。

三、配置图的制作责权

分为商品平面配置图和商品立体陈列表。包括：货架决定、卖场内各类商品的部门配置、各部门所占面积的划分、商品价格、商品排面数、最小订货单位、商品空间位置、商品品项构成等决定以及实际陈列和配置表的印制。主要由采购人员来主导，其他部门协助配合。

四、配置图的制作程序

通过市调，决定要卖的商品及卖场面积；

将要卖的商品分类，并规划大、中、小类商品应占的面积；

根据商品的关联性、需求特征、能见度等因素决定每一类商品的位置，制作商品平面配置图；

根据商品平面配置图配置设备，前、后场设备应构成一个整体；应注意陈列设备的数量及规格的决定，要参照商品品项资料；

收集商品品项资料包括：价格、规格、尺寸、成份、需求度、毛利、周转、包装材料、颜色等，并决定经营品项；

在商品配置表上详细列出每一个商品的空间位置，每一个货架对应一张商品陈列表；

按商品配置表进行陈列，并管好价签，可以把实际陈列效果进行拍照留存；

观察记录顾客对商品配置与陈列的反应，便于修正。

五、商品配置图修正

由于店铺的实际面积以及卖场形态与标准店铺差异；

经过销售分析，发现商品在此位置不利于销售；

季节、时令、促销等因素，也要对商品配置表进行修改；

新产品引进及品项变动，商品淘汰、临时性断货，应用商品或新商品来补空位。

连锁门店商品配置图的修正权在总部，门店有建议权。

自有商品开发

零售企业的品牌资产是衡量企业长期市场表现的一项重要指标。对于很多零售企业而言，在其品牌资产的发展过程中，自有品牌产品起到关键作用。从国内外优秀连锁企业发展趋势来看，在连锁品牌发展到一定程度后，会选择导入自有品牌商品，这也是盈利来源的重要组成部分。

一、自有品牌

以零售商整合资源设计，以零售企业自己的品牌名称开发销售的商品，而该品牌只能在体系内独家销售。对零售商来说是自有商品，简称 PB（Private Brand）；对生产商来说就是贴牌生产商品，简称 OEM（Orignal Equipment Manufacture）。

国内外成功零售企业都走自有品牌的道路，欧美、日韩的企业自营商品比例超过 30%。如 7-11 从 2007 年创造自有品牌——"7-Premium"，从创业初期的 49 个食品，成长至今已拥有超过 1700 个食品种类的产品系列，多年来一直受到了广大顾客的鼎力相助。美国的梅西百货，自营品牌数占 40%~50%，英国最大的零售集团马狮百货，旗下的 260 家连锁店内只出售一个牌子圣米高牌商品，美国零售巨头西尔斯 90% 的商品是自己的品牌，日本永旺的自有品牌"TOPVALU"销售的品种达到 6000 多种。沃尔玛、家乐福、大润发也有自有品牌系列。国内永辉超市销售"永辉"品牌系列产品，银座系统销售"嘉美惠"系列品牌，都实现了连锁平台、单体门店及顾客的共赢、多赢。

二、目的

一是利用零售商品牌优势和信誉优势，通过使用零售品牌向生产上游延伸，产品在本系统内部销售，能够较快地被顾客接受。

二是通过自有商品，来补充弱势品类，还可对强势品牌进行替代，提升商品的掌控能力。

三是自有商品能减少中间环节，实现产销一体化零距离对接，毛利空间大，能带动经营提升。

四是在本系统中销售，针对销售规模大，毛利贡献低的品类商品，通过开发自有商品进行销售分流，在品质功能不变的情况下，与竞争对手形成品牌差异，价格差异。

五是利用规模优势，加上门店的额外照顾，能在最短时间内达到规模销售量，还可进一步优化生产成本。

三、自有品牌衍生

1.零售商号延伸：使用零售商的商号作为自有品牌字号，但如管理不慎就会影响到商号美誉度。

2.零售商号与品牌组合：使用零售企业的附属品牌，一般采取"新品牌＋商号"方式，商号为衬托功能，比如"博士伦＋福瑞达"，前面是功能品牌字号，后为商号。

3.独立品牌：与企业名称或商号不相关，起一个新的字号，再用零售品牌备注的方式提升顾客认知度，家乐福自有品牌惯用这种方式。

4.生产商品牌＋备注：继续使用生产商品牌，而备注零售商商号，这也是一种自有商品。比如永辉专供等，来实现自有品牌商品的经营目的。

陈列标准

陈列，是将商品在销售区域进行摆放以达到销售的目的，进而塑造门店良好的整体形象。按照陈列原则，被陈列商品要做到出神入化的境地。永辉超市在最难的蔬果陈列上也达到了标准化，让陈列最好地体现出商品价值，极大地提升了顾客的购买欲望。

一、商品排面

某商品在货架陈列时，面对视线所能看到的商品陈列的最大个数，A 级品不超过 3 个排面，B 级品不超过 2 个排面，C 级品不超过 1 个排面。

二、黄金陈列区域

一般比人的眼睛高度略低（身高 *0.9）与视线大约成 30 度的一个区域，

这是顾客最方便取物的一个区域。

三、先进先出

先进货的商品放在货架的前面先销售，先到保质期的商品放在货架的前面先销售。

四、货架陈列原则

1. 先进先出原则

为使商品不至于陈列方式不对，而一直留置于货架的后方，导致商品过期无法售出，所以商品陈列必须执行先进先出。

2. 正面原则

为使顾客购买商品时，顺利方便地找到所需的商品，商品一定要正面朝外，面向通路一侧。陈列在下两层的商品要有一定的仰角，方便顾客选购。

3. 一货一签、货签对位原则

商品陈列左下角，必须有正确的价签，价签无损坏。商品不得出现无价签或同一商品两个价签的情况。

4. 纵向陈列原则

门店要将同类商品从上到下陈列在一个或一组货架内，方便顾客轻而易举地看清所需的商品。

5. 易取易放原则

顾客购买商品时，一般是先将商品拿到手中从而进行选择，然后再决定是否购买，所以，商品陈列必须做到易取易放。通常商品的顶部距上一层板保持一个手掌厚度的距离。

6. 陈列丰满、整齐原则

货架商品丰富、品种齐全可以提高门店约24%的销售。丰满陈列，是指避免顾客看到货架隔板及货架后面的挡板。

每个单品要有统一的陈列面，文字、符号正立向上，且边缘要对齐。单品之间分界明显，整齐，不得混放。

商品陈列要美观，货架不能视为门店散仓，不能将陈列不下的商品强行塞入商品排面内。

靠墙壁商品陈列高度在一条水平线上，整箱储存叠放整齐。每个层板商品陈列数不少于 6 个，排面数按照 ABC 来区分。

7. 关联陈列原则

将顾客在使用、食用时同时出现的商品陈列在一起，方便顾客一次性购买。相关的商品陈列在通道两侧或陈列在同一通道，同一方向，同一侧的不同货架上，而不要陈列在同一组货架的两侧。

8. 安全原则

体积大的商品放在货架的下部，体积小的商品放在货架的上部。临近保质期的、鲜度差的、有伤疤的、味道改变的、包装损坏的商品及时下架。

9. 洁净原则

保证货架层板清洁干净，无杂物及个人用品，商品卫生无灰尘。货架和价签槽，无损坏和污渍。

10. 其他原则

黄金陈列区域陈列畅销品、推销品、自有品牌及高毛利品。

货架商品必须都是可以 POS 扫码的正确条码。

任何一种商品在货架上只能有一个陈列区域。

缺货商品应放置暂时缺货标示（一般门店都是用拉排面的方式应对缺货空间，但最终结果是扼杀了畅销品），不得用其他商品填充排面。

五、堆头陈列原则

堆头陈列的商品必须有正确、明显的 POP。

堆头陈列的商品下面用地台垫底，商品不得直接接触地板。

堆头陈列的商品首选方形陈列，堆头陈列的商品可以选择割箱陈列的方法。

堆头商品的陈列长度宽度不得超过平面规划设计尺寸，高度不得超过 1.2 米。

堆头与堆头之间要留有通道，可供两辆推车同时通过。

堆头陈列的商品，原则上不超过 4 个单品。

堆头陈列的商品，要与堆头上张贴的宣传画保持一致。

盘管功能

盘管作为门店第三方监管单位，也是门店的审计单位，不定期地对门店商品、现金及有效证件等进行盘点查核，督促门店落实管理职责，属于警戒功能，也属于扮演医生和警察角色，及时发现问题，提高门店警觉和管理落地能力，是门店的一项重要职能与监管手段。

定期盘管：按照监管的要求，门店至少三个月盘点一次，主要包括商品、有价证券、证件、设备等。

不定期盘管：就是针对盘管后出现问题比较多的门店，要采取不定期盘点的方式来发现问题，找到问题根源，提出改善举措，提高门店管理能力，并不预先通知盘点。

盘损标准：行业一般为4‰，包括丢失、过期、残损等商品，超过该标准的视为管理不足，需要强化管理。如果门店出现6‰高盘损，门店要全面督查审计，除管理性不足外，可能有人员内外盗嫌疑。

服务功能

服务上要做旗舰店。服务是建立顾客之间的桥梁，打通门店之心与顾客之心的管道。服务，作为门店立足的基本功，说起来容易做起来难，需要有心、用心、履行心。

商业的发展归属还是要回归商业本质，商业的本质还是商品和服务。竞争聚焦点就看有没有价廉物美的商品和友善的服务上。服务是连接顾客和商品的桥梁，也是成交的润滑剂，也是销售提速的加油板。如果在服务上能实现保值增值，也是促进商品价值再造和连锁业规模发展的巨大助推力。在商品同质化的今天，其竞争最后拼的是服务，拼的是打造服务软实力的能力。

服务软实力的再造主要包括员工是关心人的、服务能力是超越的、知识结构是完整的、礼貌亲和友善的、态度是谦恭的，服务动作是快捷有效的（包括快速结款，快速解决遇到的问题等）。连锁超市企业应该遵从服务的"三三原则"（距离顾客 3 米要微笑，顾客手中超过 3 样商品要提供购物篮、顾客结款排队超过 3 人要再开启收款机），给顾客提供便利和节约时间。

在不断提高员工劳效的压力下，门店员工不仅仅是理货员和收银员，他们是零售经营的人性化界面，温馨是实现良好服务的基本投入，扮演的重要角色之一是社交功能。如同事、邻居、亲人、朋友、长辈及友人等，既是社交功能，也是社会角色。

顾客需求应是整个销售过程的核心，门店销售人员应该将重点放在与顾客的长期合作关系上，而不仅仅是眼下的交易。

门店氛围标准

门店氛围是通过购物环境设计对顾客情感产生某种感知，并进而刺激顾客增加购物的一种激励方法

一、视觉

1.颜色：颜色对门店环境起到衬托作用，主色系体现可识别性，不同商

品颜色之间协调美观陈列，吸足顾客眼球。包括 CIS 色系、设备色系、广告制作物色系等。

2. 照度：就是反映光照强度的一种单位，其物理意义是照射到单位面积上的光通量，照度的单位是每平方米的流明 (Lm) 数，也叫做勒克斯 (Lux)。照度既是满足顾客门店购物需要，也是为了衬托特定商品价值的需要。一般货架区区域亮度为 500~600Lux，特殊商品需要选择相应标准的照度。

3. 尺寸：大小，体现出的规格。标准尺寸、美观尺寸等全面优化各种资源，追求尺寸格局。

4. 形状：就是能够体现出的长宽高的立体概念，包括正方体、长方体、三角体、椎体、不规则体等，能够在空间内展现出最大美感的形状体。

二、听觉

1. 高低：声音，单位为贝分，满足人体基本听觉最合适的声音度。包括音响声音高低、员工声音高低等。

2. 音调：主要讲的是舒适性，悦耳动听的就是好旋律、好音调。

3. 速度：表现出快与慢，速度就是节奏的范畴，曲目选择不论是抒情型、激进型，还是欢庆型，都需要与门店环境相适应。

三、嗅觉

1. 味觉：面包味、奶油味、酸味、茶味、饼干味、飘香味等，都是正面的味道。

2. 鲜觉：感觉判断，看到新出炉食物的热气、蔬菜的水气、商品干净等，都可作为门店新鲜度要求的内容。

四、触觉

1. 柔软：面包是蓬松的、是柔软的。

2. 光滑：可触摸的东西，包装类商品有纸、有塑料、有金属等，顾客能够感知的部分就是触摸真实信息的传递。也会体验到是光滑的、凹凸的、摩擦力的等。

3.温度：冷、热、舒适都是温度管理的内容。同时，顾客对商品温度的判断来源于对商品储存环境的标准。比如，低温品感觉应该是冷的，冷冻品应该是冰的、热食应该是热的，这种触觉也决定着是否购买。

门店复制

一、复制标准

复制是连锁企业经营的最高境界，意味着成果、成绩、成功得到不断传递、价值不断传承。同时，意味着在复制中把最好的东西提供给最多的人，为更多的人创造价值，增加附加价值，润泽于更多人，带来并创造幸福。复制包括营运系统、商品品类、台账、店铺设计和陈列。

连锁企业发展，就是以制造业制造产品工艺流程、标准等在流通业中复制和创新店面。比如，大润发利用制造业的管理方式实现了门店快速复制和养成；永辉超市、步步高也是利用制造业管理思想，通过连锁平台及支援体系实现了全国战略的推进、门店的复制。中国连锁企业都是走着一条复制之路，复制真正实现了标准化，也实现了简单化。

二、复制项目

连锁便利超市，提供便利是最终目标。距离顾客近，能够一站式满足顾客需求，这是所有零售业毕生的追求。人只要享受一次便利，就会有更一步的期待。门店在贩售商品的同时，要为顾客生活提供必要的服务，实现优势地理位置功能的极大化。7-11，在做好商品的同时，充实完善服务的内容。不管是日本还是台湾，7-11 便利店成为日本、台湾最大的银行，最大的连锁公共事业缴费最多终端。包括 ATM、拉卡拉、水电费、商务服务、快递业务等。而日本 7-11 获得银行牌照，成立"IY 银行"，后更名为"seven 银行"，使门店成为顾客的生活共享平台。

国内连锁企业在系统内门店已经导入服务性项目，包括金融支付终端、缴费终端、移动支付等，既能带来客户，也能提升销售。国内外小型便利业态也走向 7-11 增加服务性项目之道路。大型商业体整合银行、公共缴费平台、专业店、购物、休闲、娱乐项目等，成为城市生活中心，形成大与小的综合体，或综合功能体。

门店在立足社区的基础上，在做好商品的同时，也要增加包括 ATM、拉卡拉、公共缴费、便民服务等功能类项目，给顾客带来便利的同时，也为门店带来最大的便利，就是在家门口、最短的距离完成交易，还可使门店成为社区营运中心、仓储中心及快递业务的周转中心、提货中心等，真正成为解决就近居民最后一公里的综合服务中心。

三、复制模式

连锁模式的实现途径就是复制。一个店就是一辆车，开一家店就如同制造一辆车，都是统一标准的，包括需要什么、做什么、做成什么样子，都有参照系，这就是模式。但关键部分就是，门店把店开起来后需要门店团队经营好，就如同司机把车开好，为目标人群服好务一样。开店过程就是模式复制重复落地的过程。

四、复制文化

复制是连锁门店开拓的最高境界，从门店形象到管理标准及企业文化等的复制，还包括视觉文化、展示文化和人体传承文化等的复制传承。比如，一个员工一旦穿上有门店 LOG 标识的工装，就代表公司，就代表公司为顾客提供服务。因此，静态文化展示靠标准，动态文化展现靠人，靠连锁门店的每个窗口，通过窗口中的人将连锁文化执行出来并传递给周边人群。所以，动态文化代表的是一种生命载体，是多元化的展示。

第5章
网点布局攻略

实体连锁企业是个立地性产业，不管是电子商务时代，还是互联网＋时代，还是未来新零售时代，但最终结果还是网点为王的时代，拥有网点意味着拥有一切。对于连锁便利业态来说，现在如此，将来也是如此。网点资源不管哪个时代都是稀缺资源，拥有网点就拥有一切，占据优势位置，就会拥有 80% 的业绩。

单体门店靠的是位置。只要位置正确，成功的可能性也就高。但对于连锁企业来说，选址就是布局，布局不仅是位置好，还要布局到位，布局要讲究卡位，卡到位才会有位置，才能构成竞争壁垒。布局是一种经营，而且是一种战略层面的经营，是一种进入市场的前期筹划和前置经营。在企业进入市场之前，选址工作就已经决定了在哪些地区发展，快速发展还是稳步发展，是密集发展还是跳跃式发展，店址的优劣等等，所有这些因素都会给未来的经营产生极其重大的影响。

因此，选址开店既是单体行为，更是网点布局行为。让门店开遍天下，实现战略布局，打造连锁门店的规模优势，实现良好的社会效应和经济效益。

布局战略

主要包括连片开发、巩固商圈、区域占领等。又分为进攻型、防御型、退出型，但连锁层面的定位与区域定位又不相一致，发展中连锁业公司层面是进攻型，但区域可能是防御型、退出型。发展战略分为公司层面和产业层面及业务层面。

一、进攻型战略

适用于成长型的市场。市场容量大、潜力大、空间也大，虽然有竞争，但关键是有市场，谁也无法在一定期间内吞下整个市场的蛋糕，只能共同开发。这种市场应采取进攻型战略，尽快完成优势位置占领，积极推进森林战术与面积战术。目前，国内市场属于成长型市场，国内外零售企业积极推进全国化战略，还没出现一家全国性的有一定控制能力的零售航母。

二、防御型（维持型）战略

适用于较为成熟的市场，并且网点达到一定的饱和度后，对区域市场具有不可撼动，具有很强的控制力后，要采取防御型战略。一方面是继续巩固市场地位，不断自我提升。另一方面打压竞争者进入，提高进入壁垒。目前，我国台湾地区与日本因岛屿现况和市场发展成熟度高等情况，一般采取防御型战略，以维持和内涵提升为主，规模发展为辅的策略，追求效益最大化。台湾地区 7-11 近三年内新增点数出现负数，一方面台湾市场便利店已超过 10000 家，平均 2300 人就有一家便利店，高于人均 5000 人一家便利店的标准。便利店市场已经出现饱和，能开店的位置基本都已经开了，新增可开店的位置极其有限。通过规模发展带动销售效益提升难度较大，与全家的竞争都采取防御型的战术，来提升经营绩效。日本属于岛国，就 7-11 便利店已经超过 18000 多家，加上其他品牌店，也是相对饱和，市场也相对成熟，也是采取防御型的战略。我国上海也是达到了 5000 人一家便利店的规模，目前也是相对饱和。

三、退出型战略

主要包括三种情况，一是区域经营不善，主动调整而选择退出。主要是新竞争者进入或企业经营能力不足，造成区域市场萎缩、市场份额下滑，不得不采取退出型战略，来寻找新市场、新机遇；二是区域市场客层变化，造成经营艰难，而选择退出。主要是城区改造、搬迁等，定位客层转移，而现有客层又无法满足门店生存需要，出现销售下滑，经营艰难；三是市场发展潜力受限，或进入衰退不符合公司发展战略，进行调整而退出。主要是区域市场已经不符合公司新的发展战略，而主动进行调整，全局战略调整对某些区域选择退出，如胖东来选择退出新乡市场就是此情况。

布局战术

一、面积战术

追求从点到面，两点一线，三点成面，多点成圆的战略布局。店与店之间的商圈距离略有交叉，商圈大约有 10% 重叠或更多重叠，实现商圈半径无缝对接。如果商圈相距较远，对方进入的机会就会增大，如果重叠较大，则会出现自家门店相互分流，相互竞争的局面。面积战术在追求集合优势的同时，合理的网点布局至为关键。

二、森林战术

追求从一棵树到多棵树，到森林。要求锁定区域市场，密集扩张，实现从0到1，从1到多，从多到规模战略扩张，实现连片开发，区域效应最大化。

日本7-11案列：如果单纯的增加门店数量，极端做法就是分散开店，一区域一店，全国发展加盟店。但到处撒网不可取，7-11一开始就采取了密集型选址的开店策略。即以面的方式覆盖，以毗邻现有门店成网状扩散。在一定区域内，提高品牌效应，加深消费者对品牌的认可度。而认可度又与消费者信任挂钩，能促进消费的意愿；当店铺集中在一定范围时，店与店之间的较短距离能提升物流和配送效益；广告和促销宣传更见成效。店铺集中在一个区域，不仅能有效节约物流、人工成本，投放一次促销的影响力和覆盖率也变得事半功倍。在一个目标区域内密集布点的战略让7-11更加受益。

布局策略

布局策略，策略决定成败。策略实现的路径主要包括独立或联盟设店、密集展店、优先展店和农村包围城市等。

一、独立设店与战略联盟设店策略

通过自我开店模式，在区域中找到合适的位置进行设店开店，为独立设店。

与其他商业体形成战略联盟，组团开店，形成共同竞争优势，为战略联盟设店。比如商业综合体中相关专业化业态。常见的是永辉与万达的战略联盟，大润发与专业店的战略联盟，华润OLE与恒隆广场的战略联盟等。

二、集中区域密集展店策略

就是通过密集开店，迅速提升区域知名度，提升影响力，增强区域市场掌控力，进一步降低管理成本和提升经营坪效。成功的连锁企业一般是采取区域密集开店策略，从而获得良好的发展。

三、优先展店策略

优先展店策略，也称之先入为主策略，就是在新市场、发展区域、繁华区域，占据的核心位置，优先展店，在最短的时间实现立地立足目标条件，实现顾客养成，推动区域占领。

四、边缘化策略

就是避开竞争对手，在竞争对手边缘商圈开店，但还不能距离竞争对手太远，这样既可分享竞争对手的客源，又能降低开店成本。

五、农村包围城市策略

到竞争相对较弱的区域开店，开辟蓝海，树立老大。比如，城市特别是一、二线城市竞争异常激烈，但乡镇及农村市场潜力大，也有前景，可选择到乡镇及农村市场发展，待成熟并有能力后可再杀入主要城区。

卡位管理

开店要有全局观、未来性，布局讲究卡位性。比如，一般情况连锁便利业态店与店之间距离或商圈上有 10%~20% 的重叠，才算是卡位到位，才可以实现商圈相对巩固。而卡位布局中，不一定每个单店要赢、要赚钱，而是要区域商圈布局门店整体要赢、能赚钱。可能有的位置开店就是为了排斥竞争者进入而布局，单店是亏损的。但用小牺牲换来全局赢，这才是卡位管理的最高境界，也是执行卡位管理布局者应有的智慧和格局。如表5-1所示。

表5-1 卡位管理

一	说明	图样	备注
卡位管理	卡位管理就是在区域市场上，能够把店开在该开的地方，并能实现合理布局，极大化实现区域布控，把竞争者纳入网店中，实现全面封杀打压。这既能拦截客流竞争者的客流，也能实现区域的规模效应。		
	如上图中，占位ABCDE五个点，成功有效实现卡位，对竞争对手的4家门店成功拦截和包围，获得区域的控制权。		
二	说明	图样	备注
替代卡位	适合于高危门店。当现有经营门店遇到合同到期无法签约、提前解除合约、或无法继续营运等情况时，为了继续服务商圈顾客，对门店采取替代性的策略，将现有门店位移到商圈中次要位置或边缘商圈。		
	上图中，因A店要撤店，附近又没有合适的位置，采取替代性策略，在A店北侧开了B店、东侧开了C店及南侧开了E店三家店。 在连锁门店发展中，会遇到替代性开店情况，只要能够提前掌控门店风险，提早在周边主要路口、街道设店，确保商圈永久巩固。		

（续表）

三	说明	图样	备注
分流卡位	适合于高业绩门店。当现有经营门店客流大、销售业绩高，已影响到门店形象与顾客服务品质时，采取分流策略，确保门店品质。即在本门店周边相应商圈半径处开店，进行顾客分流。既能实现确保现有门店经营品质，又能通过分流开店，实现区域商圈掌控，实现规模效应。		
	上图中，因A店销售额及来客超过门店可承载的负荷，采取分裂策略，在周边合理商圈半径的南北两侧的主干道上新开了B、C两家门店。既实现了确保现有A店经营品质，又通过分流开店，实现了商圈巩固、扩大。		

四	说明	图样	备注
剔除卡位	主要用于对付高业绩竞争店。就是深入竞争腹地，发展根据地。竞争者两个店在区域形成很高的销售与人流，进入时采取的是剔除策略，把门店放在两个高业绩门店中心位置，拦腰截断，分享他们现有人流。当然这种方式会面临成本过高的问题，但要在区域获得生存与控制权，拿下对方高业绩门店，使对手失去有效的获利来源，影响到对方再发展与反击能力，这也是一种很好的策略，这就是剔除效应。当然自己也要有过强的实力，支持这种破坏性厮杀格局		
	如上图中，AB两个店，其中A店成功开在动线的中间位置，并在关键的B位置再开一店B店，剔除策略非常明显，封杀效果也非常到位显著。		

布局效应

一、聚集效应

从顾客口碑、品牌拓展、人员养成、相互支援等，达到规模效应，提升各店经营业绩。永辉超市也是采取核心扩张策略，即在一个区域里密集开店，把口碑和规模都做起来。在福建逐渐壮大的永辉，进军的第二个城市是西南城市重庆。随着中国城镇化发展，内陆城市居民消费能力提高不少。永辉在重庆建立了不错的口碑，2014年永辉在分地区收入占比中，华西占了最大头36%。接着，永辉超市直接跳到了北京，在2014年分地区营收占比中，北京地区的营运收入仅次于华西和福建，达到14%，而三大区域的营收占总收入的81%。攻下重庆、福建大本营和华北三块阵地后，近两年，永辉的扩张重心才转移到四川和上海。在全国指东打西一番，永辉完成了由区域连锁向全国连锁的进化。

二、群狼效应

群狼齐发，实现各路堵截、拦截，在区域中最大化实现竞争力提升。区域门店规模优势联合抗衡，形成群狼效应，确保实现区域门店销售。在联合竞争中，每个店都是一匹狼，群狼的战斗力是无法估量的。群狼战斗，如同百团大战，聚是一个整体，统一指挥；分则各路突破、立地发展。而此次联合作战中更有价值的是，创造了一种新的竞争模式，即群狼竞争模式，成果不仅仅是确保销售。

三、管理效应

通过区域模式沉淀，建立起自身差异化的竞争优势。在目标定位、产品特色、服务优势等方面树立自身的鲜明个性，在新型市场中建立良好的品牌形象和产品口碑，在区域市场建立领先优势。在物流配送、门店管理、营销策划、区域辅导等方面，成本最低，能够实现经营管理效益最大化，从而实现管理效应。

选址管理

一、基本功管理

选址学问太广博、太不可控，因地制宜地把握每一个店址，踏踏实实地做好每项调查是关键。要求拓展人员是活地图，整个城市装在大脑中。要求选址人员勤奋、知识面宽，懂一点法律法规条文，知晓政府部门办事流程，善交际，有兴趣特长，能喝酒，能应对解决各类疑难问题。开发选址也是一种投资行为，一般一个合同期内的总租金从几百万到过千万不等。每签一个合同，就意味着一笔若干年内近千万的生意成交。每个选址人员都是促成这笔买卖的决策者，应该要有神圣感。

选址必须符合市场的需求，我们究竟开多大的面积合适，因为租金和物业费是按照面积计算的，装修是按照面积计算的，坪效也是按面积计算的。

二、预定点管理

何为预定点？按照选店标准，符合开店网点，称为预定点。预定点一旦锁定，就可以实施抢店、挖店或转换策略。预定点作为确定选址位置第一步，在区域开发中，全面排查预定点并洽谈能开位置，并为未来区域拓展做好网点资源储备。

预定点提报策略：可设立全员报点奖励办法，发动公司及社会各界朋友提报网点信息，一旦报点成功，可获得一定金额的奖励。

三、既有点维护与续约管理

区域门店开发和门店经营管理是相匹配的，一般是一个区域经理配备一名拓展人员，负责本区域内的新店开发，与营运团队形成紧密型合作共赢关系，将区域市场做大做强做好。同时，要肩负既有店的关系维护、事务协调、续租等事宜。其中，对于优质店续租必须在合同到期前两年开始洽谈续租事宜，否则，续租的风险就相当高了。

四、激励管理

1. 项目分类

为了对所开发的项目进行差别奖励，按照所开发项目建筑面积大小不同分为 A、B、C 三类：

（1）A 类项目：实际利润超越目标 10% 以上的。

（2）B 类项目：实际利润超越目标 0%~10% 之间的。

（3）C 类项目：实际利润满足目标 90% 以上的。

2. 奖励标准

（1）A 类项目：每个项目奖励 8000 元。

（2）B 类项目：每个项目奖励 5000 元。

（3）C 类项目：每个项目奖励 2000 元。

3. 奖金分配

选址人员（直接选址、跟踪服务、合同谈判责任人）分配总奖金 80%。

发展单位内负责法务、市场调研、考察、合同谈判等后方支援人员分配总奖金 20%。

五、底线管理

没有店铺是非签不可的，积极争取，但不要超过底线，底线就是承受力。

利润是谈判谈出来的，如果按照坪效计算，一分钱也要争取，日积月累，这也是一笔大利润。

让对方先开条件，就是先看到对方的上线，这样就能知道距离自己的底线有多宽距离。

可设置基本招牌位两个，争取三个，招牌就是增加现实性，特别是到一个新区域，可以持续不断地带来来客。

选址决策要快人一步，如果是好地方，不要过夜，甚至当即拿下，你能看到的别人也能看到。

好旺铺要先交定金，如果暂时确定不下，可以先交定金，为最后决策争取时间。

吃亏是福，吃点亏，总能获得多，一毛不拔，连门槛都迈不进去，更何况要做生意了。

"营发一体"模式探讨

"营发一体"模式，其核心主张就是，建立起发展、营运上下一体开发模式来提升开店的成功率，加速成长。来解决发展部门作为连锁企业发展、带动零售网点规模扩展的火车头，发展人员的综合素能、项目价值判断、商业眼光等综合素能的提升。主要包括以下内容：

一、建立共同性指标

发展和营运功能可以独立开展，但可以背负共同性的绩效指标，来提升彼此之间的关注聚焦度。

可以探讨两个指标的共同背负——签约目标和门店营业额，将这两项列入到发展、营运管理者关键 KPI 中，通过责任与利益对等的方式实现"营发一体"模式的建立。同时还需要建立一定的合作机制，实现从项目源头导入"营发一体"利益最大化的评核标准。

二、有营运等历职背景

为提升发展人员的综合能力，专职发展人员需要有营运相当岗位的历练才能从事发展工作，确保"营发一体"模式利益最大化。当然，伴随商业网点取得难度的增加和竞争加剧，许多大型集团也在发展岗位说明书中提出了更高的标准，不仅仅包括营运背景。

三、推行轮岗制度

如果以有营运背景才能有资格选择发展岗位作为前提，那么，轮岗是构建发展专业化、思维方式总经理化必不可少的培养方式。从事发展工作将成为第一轮职业循环周期里的最后历练岗位，前面可以从事过营运、行销、财务、物流等职。通过多岗位历练，培养多方位、多元化利益思考的习惯。因此，如果发展人员各个都可以做总经理，那么，网点取得与未来经营都是可以确保的。

同时，发展人员做了几年发展工作后，在合适的时机再回到业务与经营管理岗位，启动第二次循环，紧密把握零售市场脉搏，再次修炼自我综合素能与经营网点价值判断力。那么，第二个循环中每个岗位担当将会给企业创造更多的价值。

四、发展功能下沉

连锁企业通过快速发展，形成门店网络，建立区域营运功能，可以将公司的发展目标下沉到区域总部，让区域营运团队就地做好商圈管理，落实区域展店，推动区域门店品质提升，真正实现"谁生的孩子谁抚养成人"的"责、权、利"一体原则。而企业总部的发展主要建立发展的游戏规则、发展规划、目标管理、指导、协调、调度等职能。

五、发展人员角色扮演

当连锁企业人员轮岗执行到一定程度，体系运作相对成熟，每个发展人员都可以做总经理时，就实行谁取得项目未来谁去经营。如果要开拓一个市场，就委派一名区域经理进入市场，变成"当地人"，进行市场调查、商圈管理、寻找合适项目，签订合同、追踪物业交付到开门纳客，做到落地生根。当然，这样的体系建立并不容易，需要组织良性的循环起来并保持最佳动态。

网点布局是战略行为，需要眼光、胆略和综合素质。网点布局链接点就是拓展人员选址，重复选址，阶段性选址，都是不断提升商圈辨识功力的修炼，需要选址人员既要有在外能吃苦打拼的精神，也要有战略眼光，至少要看到两年后的趋势走向，还要具有强大的开拓理念，强大的企图心，在网点布局指引下，实现布局攻略。

第6章
顶层设计攻略

　　顶层设计作为战略愿景的一部分，不仅是设计当下，还要拓展长远发展之渠道，推进新的投资、经营管理模式，推动投资人合理效益保障机制。

连锁模式

连锁经营最早兴起于商业发达的美国。现在连锁经营风靡全球，在欧洲、美国及日本等地经济发达的商业领域占据了主导地位。在中国，随着商业的发展升级，以传统百货业为主的中国零售业，进入了连锁化经营阶段。连锁经营进入中国近十年中，推动本土商业品牌的快速发展。其中大润发、永辉等全国著名品牌企业通过连锁化发展，不断改善、提升人们的生活品质。

连锁经营诞生后被称为"最具有吸引力和生命力的经营方式"，麦当劳、肯德基、星巴克、沃尔玛、家乐福、7-11 等，都是通过连锁化经营迅速从星星之火发展成为燎原之势，变成一举一动都影响着人们生活方式的连锁帝国。

一、连锁模式魅力

企业采取连锁式经营模式，对连锁总部、门店和消费者都有利益魅力。对于连锁总部来讲，连锁体系可以用更少的资金与人力来拓展其销售渠道，增加商品销售规模，带来平台收益。对于门店来讲，有效的资源体系和完善的管理体系能够快速提升门店的揽客能力，提升门店的成功率。对消费者来讲，连锁模式给广大消费者提供统一的商品和服务，提升购物方便性与生活质量。

二、连锁模式架构

连锁模式的关键点在于"连得住、锁的好"，靠的是一套行之有效的连锁管控和经营运作体系与模式。连是管理的范畴，能够管得住，是顺序、是制度、是流程、是标准，展现的是管控力；锁是经营的范畴，管理经营就是经营顾客、优化商品，扩大顾客沟通渠道，提升利润点，是盈利模式的范畴，展现的是力量。形式上包括六方面内容：

1. 品牌连锁：连锁门店扩展的过程是品牌效应不断被放大的过程。品牌是连锁企业的生命，是连锁企业服务和质量的保证。外在表现主要在招牌的统一。

2. 形象连锁：形象上的统一性，包括标准的 CIS 形象体系，内外色系一致。

3. 商品连锁：商品上主要包括经营商品的一致性和价格的一致性，保证质量。

4. 物流连锁：门店经营商品实现统一配送，能够拆零、分装配送，小额配送，并实现日配或每日两配。

5. 标准连锁：连锁企业所特有的可复制性标准。标准化就是制度、流程、标准规范到位，才是可复制的前提基础。目前苏宁标准化程度高，成效也高，在中国连锁企业中也是做得最好的企业之一。

6. 人员连锁：人员统一形象，统一管理，统一服务标准，单店差异性小。

连锁经营拼的是规模，规模产生效益；连锁经营拼的是平台，平台在于创造价值；连锁经营拼的是人气，人气传递能量。

三、连锁商业模式

平台商业模式：连锁业的开始阶段是以直营店养平台、打造平台。当平台养成并形成能力后，利用平台及规模效应养店，通过平台赚取规模效益，形成平台式商业模式及盈利模式。比如，通过平台，联合采购形成商品议价能力；通过产地开发、产地直配形式缩短供应链，形成生鲜价格优势；通过规模物流配送形成门店商品支援能力，一般通过收取平台费用来获得再发展的能力。

单体商业模式：是以单店实实在在的利润来源为计算依据，主要通过进货差价、销售返利、档期活动支持、场地租赁等为利润来源，来支付门店的各项费用支出。单店以经营为核心，以管理为手段，锁定商品，提升毛利，提升门店利润产出，为投资人创造更大贡献。

连锁业发展到一定阶段后，商业模式最后将平台式盈利模式与单体式盈利模式融合在一起，形成真正的共赢体。但连锁商业模式或盈利模式是做出来的，而不是设计出来的。就7-11品牌来讲，日本、美国和台湾地区的商业模式都有差异。

四、连锁组成形式

1. 直营连锁

开始阶段通过自我投资的方式来开拓门店，建立连锁模式。通过直营店经营养成营运、采购、物流、安全及后勤管理平台。

2. 加盟连锁

连锁经营的最高阶段是平台经营。通过平台，让更多的投资主体依靠这个平台获得良好的投资收益，为多元化投资输出平台、输出经营管理等，让更多人获得更大收益。据有关资料显示，到2014年年底，在7-11分布于全球的近50000家门店中，直营比例只占5%，其余全部是加盟店。一方面，采取加盟模式，加盟主的主人翁意识更强，能更加用心做好门店各项工作，能够确保效益最大化，更加有利于确保门店品质；另一方面，对于连锁企业，有效网点越来越少，能开店的机会也更加少，通过利用平台优势，将小规模及单体店以加盟方式纳入连锁平台体系，既能为公司连锁化发展提升规模，也能为加盟主提供更多更大的便利与实惠。

（1）松散型：就是部分内容一致性，大部分采取的是给加盟主输出品牌，导入标准形象体系。加盟店包括进退货、价格、人员等方面由加盟主自主经营管理，不受公司管控，并自负盈亏，与加盟主签订加盟合同，在品牌信誉保证上约定好责权，违规受到处罚成本最高。这种加盟模式适合于初级阶段采取模式，要求形象的一致性，快速实现品牌知名度。但待公司发展到一定程度后，会采取紧密型加盟模式。该模式风险性极高，因不对商品及门店做过程监管，在商品品质、人员服务、档期经营方面都会有潜在风险，一旦发生，对加盟品牌信誉度杀伤力极大，一般不建议采取这种模式。

（2）紧密型：就是全部按照直营店模式，要求加盟店按照公司标准执行，加盟主不具有日常经营管理自主权，在公司允许范围内落实对门店的经营管理。帮助公司快速发展，同时，利用公司平台优势使加盟主获得最大化的收益。目前，包括众筹模式在内的多元化投资模式，都是紧密型模式，经营管理都是统一标准化。国内外成功加盟体系包括 7-11、星巴克都是紧密型加盟模式。

连锁投资模式

一、合伙制模式

合伙制投资模式是连锁门店规模发展中采取的较为有效的模式。项目门店由几个人共同投资，利益风险共担。与众筹模式基本一样，唯一的差异是投资人较少，并且约定较为规范明确。比如，山东一家民营连锁企业，在发展过程中成功导入投资发展模式，即门店可以一个人投资，也可众筹合伙投资，公司可提供担保，并对投资进行保底的方式鼓励大家成为门店股东。投资人可作为门店负责人，门店归投资人所有。并实行投资与经营管理分开。投资人进入公司，作为投资店的员工，能做店长的，也可任命为该投资门店的店长，按照公司要求落实对门店的经营管理，接受公司组织管理，服从公司安排，落实公司经营品质，达成公司经营目标。一方面，解决了快速发展中的资金问题，实现公司门店的较快速发展，连锁品牌调整为连锁经营管理平台，更好地输出能量和经营管理；另一方面，将门店的利益与投资人紧密结合，提升门店主观能动性、担当能力，集合全部的力量将门店经营成功，最大化创造效益。

二、众筹模式

众筹一词翻译自国外 Crowdfunding 一词，即大众众筹和群众众筹，用团购 + 预售形式，向网友或其他方募集项目资金的模式。众筹是一种科技与社会结合产生的新思维，通过对社会资本的聚集来提供解决问题所需要的财政支持，将社会的闲散资源充分利用，使社会资本的使用效率最大化，从而创造新的价值。按照不同形式分类为债券众筹、股权众筹、回报众筹和捐赠众筹等。开始阶段可将公司员工作为主要潜在用户，实施门店众筹，达到快速开店的目的。

三、跟投模式

一般由门店管理团队对门店进行跟投，股份占比在 10%~40% 左右，实现利益共享。一方面，让员工成为公司平台的股东，另一方面，让员工成为门店的实际投资人。

四、股权、期权模式

这是一种激励方式，作为留人的策略，通过有条件的股权赠与、期权分享等，实现经营管理者与投资人利益共享模式。

目标管理模式

目标管理（Management by Objectives，MBO）是组织中的上级和下级一起参与组织目标的制定，由此决定上下级的目标和责任，并使其在目标实施中实行自我控制，以努力完成目标的现代管理方法。目标管理作为较为有效的现代管理手段，也是连锁经营的惯用管理方式，作为考核激励参照系，已被大部分企业导入使用。

一、关键数字目标

包括战略目标、中长期目标和年度目标。战略目标主要确定连锁企业未来的目标走向；中长期目标是一段时期内的目标，作为企业阶段性目标，包括发展目标、经营目标等；年度目标就是年度发展目标与经营目标。主要指标包括收入、毛利、费用、利润等关键数字指标。

二、重点目标任务

主要包括中期目标任务及年度计划重点任务目标。一般能量化成可考核的数据、可追踪完成时间点、细化成可举措措施等。重点任务一般与组织提升与连锁企业发展相关，包括转型创新、大型项目、重点区域开发、系统革新、组织调整等内容。

三、成本和费用结构

目标管理的核心就是锁定数字，用数字作为衡量的标准，当关键目标锁定后，需要做的是厘清成本和费用结构。

成本结构：就是成本组成中，每一节点之间的成本要素构成及与总成本的占比，又可单独管理，形成成本链条并建立标准成本指标，进行有效管理。比如生产面包，包括原材料、辅料、制造人工、耗能等。在原材料阶段，半成品阶段、产成品阶段成本构成与结构占比，形成总成本及结构。

费用结构：就是为产品等销售行为而产生的各项费用，简单分为可变费用和固定费用。可变费用包括人力费用、水电费用、耗材、损耗等；固定费用包括租金、物业费用等。主要包括销售费用、管理费用和财务费用三大部分。

四、预算管理

全面预算管理是一门很严谨而又科学的企业管理课题，要求预算编列人员既要立足当前，还要驾驭未来，做好平衡过度，集中企业全部力量，将有限资源集中到关键、重点项目上，获得极大化收益与发展。

要求把每个单位作为一个利润中心，确定好目标，管理好成本与费用结构，形成管理利润表，作为考核单位去考核。

五、目标责任书

目标责任书，它是目标管理的一种重要工具，其效用贯穿于目标管理的全过程。

目标责任书是进行目标协商的资料。目标责任书记载着目标责任者所承担的目标内容、目标值、完成的期限以及需要上级给予的权限和提供的条件。

目标责任书是明确目标责任的"合同"。目标责任书记载的内容，基本上包括了目标责任者在目标管理中的全部活动，其中，有责任者承担的目标责任（包括目标内容及目标值的要求）、完成的期限要求，也有上级目标承担者为下级目标责任者实现目标提供的条件和授予的权限，还有根据实现目标的程度实施奖惩的办法等。这犹如一个"合同"文书。样板见附件。

目标责任书是实施控制的依据，包括了实现目标的对策措施以及进度安排。作为目标责任者，要依据业绩合同进行自我控制、自我分析和自我纠正偏差，实现自我控制；作为领导者，要依据业绩合同的内容对目标责任者进行监督检查，实施控制。

目标责任书是评价成果的凭证。由于业绩合同具体规定了目标项目和目标值、实现目标的要求，规定了完成的时限和考核评价的标准，便于目标责任者依据它进行目标实施成果的自我评价，也是上级目标承担者考核评价目标成果的凭证。

六、督办管理

督办管理系统属于任务管理系统，就是将重要目标和重点任务纳入督办，形成任务清单，明确子计划、责任人、时间点和完成措施等。可以建立督办管理信息系统，将重点任务目标纳入督办管理系统，实现督办事项的信息化管理。

七、成果评价

目标评价的载体是全面预算执行落实情况。一般情况下，全面预算差异性不超过 5%，区间在 95%~105% 之间说明预算比较准确到位。按照目标指定 SMART 原则，既要达成目标，又要下大气力才能将目标达成。

目标管理的核心精神就是让员工自己当老板，自己管理自己，变"要我干"为"我要干"！

激励模式

一、激励分类

1. 长期激励：股权、期权激励，虚拟股权激励等，是留住优秀人才，确保长期稳定发展的一项重要激励策略。

2. 年度激励：主要享受年度目标达成奖励，包括达成奖励、超额目标达成奖励等。

3. 短期激励：主要月度达成奖励，锁定于基层员工，以提升员工短期工作积极性为目标。

二、激励形式

激励形式分为承包制、目标达成、超额利润分成等方式，其核心精神就是将门店店长及团队的个人利益与门店整体利益紧密的结合在一起，成为真正的利益共同体，共享经营成果。但在目标承担上，根据激励性与成果贡献，按照内部市场化模式，追求多劳多得。

承包激励制模式：就是公司直营门店通过内外部人员的承包方式实现经营成果极大化。分为内部承包和外部承包。开始阶段以内部承包为主，承包人最好为门店店长，资深员工也可以。公司设定年度目标，与承包人签订承包合同，确定好经营目标、约定好经营责权，是能充分调动店长及门店团队积极性的一种有效方式。其最大的特点是完不成利润目标，需要承包人自己补足目标差异部分。

目标达成奖励模式：与承包模式基本相同，差异性主要在于目标达不成不需要弥补目标达成差异部分的利润。主要目标达成，就可按照签订的目标责任书去拿奖金。店长由公司选择，按照公司要求落实门店经营管理品质。目标承担人作为公司任命人员担当目标，因一般不对目标达不成进行经济处罚，其特点是激励效果较为有限，一般适用于目标管理导入初期使用。

超额利润分成模式：目标达成没有奖励，达不成目标的部分店长不弥补差异，但店长对超过目标的部分，公司进行超额奖励，一般占到超额部分的50%，有的企业将超额的部分100%全部奖励给店长。这种模式的特点是激励效果明显，以信任为原则，鼓励激励目标承担者极大化地冲刺高利润目标达成，最大可能地挖掘门店销售潜力。

人力平台

一、职业发展体系

设计好职业发展台阶，让员工有所发展。连锁门店一般分为几个大的阶段：

门店晋升层级为新进员工、资深员工、带班、副店、店长、区域经理、部经理、副总经理、总经理9个层级。

后勤员工晋升层级为新进员工、资深员工、主管、部经理、副总经理、总经理6个层级。

当然，门店与总部后勤人员重叠处为主管与区域经理层级，一般企业的每个层级还可分为初、中、高三个层级。

同时，连锁企业后勤人员一般来自于门店，便于沟通和工作开展。

二、人力培养体系

1. 培训课程的设定：培训体系分为初中高三个层级，初级针对后勤专员、门店副店以下人员，课程偏重操作及技能方面培训，有适量的管理沟通类课程；中级面向店长、副店及储备干部，重点在于企业文化、职业发展、管理、团队、沟通等课程；高级面向部经理以上人员，主要包括企业文化、企业发展战略战术、管理沟通等课程。

2. 培训讲师的选择：每个层级锁定课程后，选择不同的讲师担任培训师，能够以参训人员适配的方式，将思想观念、目标及要求最大可能地传递给参训人员。

三、招聘体系

1. 门店员工级：主要来自于高中、中专毕业生，作为第一级职业发展培养目标。

2. 储干级：主要来自于大专及本科院校毕业生，作为门店管理者培养。

3. 门店店长级：主要针对社会上具有同等工作经验应聘者，入职后经过相应培训，即可担当管理者。

4. 高级管理者：主要针对社会人力资源中高阶人才，引进后担任公司中高层职务。一般为协议薪资，走职业经理人路子，承担目标，落实责任，带领公司冲刺目标。

四、评价体系

1. 管理评价体系：就是一般管理职能的评价，包括职业性、健康性与开拓性三个指标。

2. 职业性：就是按照岗位职责各负其职、各司其职、各就各位，落实目标任务要求，能够在自我管理与团队建设中起到良好的身先士卒作用，带动团队成员更加敬业。

3. 健康性：就是有良好的身心状态和素质，能够符合社会公德，遵守国家法律法规，遵守公司各项制度规定。并秉持良好信念，有健康的心理状态。拥有健康身体，有能够担当岗位的身体素质；有能够承担压力并能在压力中开拓进取、迎难而上的精神。

4. 开拓性：就是有前瞻性，能够具有很强的洞察力与预见性。在困难挑战面前能够有前瞻性解决问题的能力，开创明天；能够带领团队成员在实现目标任务的基础上，在社会和经济形势变化中，及时调整、及时优化提升，最大可能地实现组织目标。

5. 关键绩效评价体系：一般指关键 KPI 指标。在公司目标管理体系中，按照阶段管理 KPI 指标，在阶段中完成指标目标。连锁门店一般有 6 个关键 PKI 指标，分别为：销售额、毛利率（毛利额）、费用额（费用率）、其他业务收入、净利润（利润率）。如表 6-1 所示。

表6-1　KPI指标

序号	指标	释义	元素	备注
一	销售额	门店通过前台POS刷出去的商品总额	创造性指标	有效
二	毛利率	成本加价部分占比，空间来自成本价和竞争者售价比对	弹性指标	可变效
	毛利额	就是商品销售中能够赚取的差额	生存指标	有效
三	费用额	就是可涵盖门店的费用总额，包括经营、管理、财务费用等	可控性指标	有效
	费用率	就是费用占比销售额比率	管理性指标	可变效
四	其他收入	一般是通过后台收取费用，属于厂商支持费用	可变性费用	可变效
五	利润额	能够赚取的利润总额，也是能够生存的合法来源	实战性指标	有效
	利润率	看销售贡献率，看回报率	管理性指标	可变效

五、人力底线管理

签订自律协议，作为员工在公司服务是基本底线，纳入公司纪律与未来追责的依据。见附件 15。

营运平台

一、门店团队打造

老人新店：在总部强有力的支持下，门店团队搭建上也要采取有效策略，可采取老人开新店策略，即让具有丰富经验的店长去开新店，因为其具有门店经营经验，并具有很强的开拓性，能最大化压缩门店养成时间。

团队力：团队成员单体战斗的能力，团队成员之间的协同能力，团队创新能力、经营管理能力、解决问题能力都称之为团队战斗能力。

门店力：包括企业形象提升能力、订货能力、服务能力、档期经营能力、顾客管理能力、商品开拓能力、陈列能力、节令商机把握能力、员工培训能力、商品贩售能力等，都是业务能力范畴。

二、区域管理职能设置

连锁企业一般建立区域督导制，以 8-10 家店设立区域经理，对区域门店进行督导管理，进行经营辅导、管理强化、人员培养与能力提升，对门店基本功落实监督等。现对区域经理访店频率与时间的规定、访店工作准备及访店检核规定等事项做出规范。

1.访店分类

（1）计划性访店：事先与门店确认访店行程与时间，访店停留时间与访店程序皆须以本通报之标准作业流程进行。

（2）机动性访店：无需与门店约定时间访店，访店停留时间不受限制，访店重点以查核、形象评分与复检缺失为主。

2. 访店规范

（1）访店次数：每周每店至少计划性访店一次，计划性访店停留时间不得低于1小时，每月总访店时数不得低于60小时。含每月至少访晚班（17：00—22：00）一次，含每月至少一次节假日访店，每次至少4小时。

（2）访店品质：区域经理访店以最优精神面貌进行之，以门店经营指导、行销档期执行查核、门店形象改变为基本，以提升团队士气为最终追求。访店后须协助解决门店所反映的问题，无法解决时须以电话或周报的形式回馈上级主管协助处理。

3. 访店程序

（1）访店安排：每月月底完成下月行事历程，每周周五完成下周访店安排，计划性访店前一日与店长完成访店时间的确认。

（2）访店准备：查看pos端之情报，收集门店经营重点资料；透过pos各项比较性情报资料，掌握门店订货差异及可能商机所在；前次访店门店反映问题之回馈事项准备；准备访店各项检查表及检查时所需之资料；总部传达到门店资料的整理和政策指示的准备；结合经营会议共识与做法及区域重点工作，拟定对各单店的做法辅导。

（3）访店要素：行销档期活动，订货技巧提升，商品结构维持，商店形象维护，信息收集分析，报表分析指导，人力资源运用，门店库存检核，解决门店问题，经营规范落实等辅导与督查。区域经理每月每店至少完成2份访店沟通记录表及商店形象评分检查表与微笑服务核查表的回馈缴交。

（4）访店后：有关业务上的问题及时协调解决并回馈门店，超越自己权限的向上级主管报告寻求协助解决。紧急问题须立即以电话报告，直接与总部单位沟通，争取第一时间取得解决问题的优势。下回访店工作的准备。

4. 考勤规定

区域经理每天实际工作时为8小时（不含中午休息时间），不足时数依规定请假。出勤上班时间可视工作状况调整，但是为了确实掌握门店早、晚二班之状况，正常出勤上班时间最晚不得晚于 AM10：00，若需延后出勤上班时间必须事先报备。

5. 晚班及假日访店查核重点

（1）假日访店检查内容：周转金留存金额查核，重点商品销售与库存状况查核，人力安排状况检视，门店营业金的检核或凭证的查核。

（2）晚班访店检查内容：招牌灯清洁与照明灯明亮度检视，人员出勤与排班表相符之查核，人员上班行为符合规定之查核，进货时的理货状况了解。

三、总部营运职能担当

1. 销售氛围管理：蚂蚁雄兵，门店虽小，但门店数达到一定程度后，影响力不可小视。在日本或台湾，没有人小视 7-11，这就是规模的力量。对于门店的管理单位也要建立起良好的销售氛围，建立门店之间、区域之间良性竞争氛围，不断扩大区域销售和规模。这种氛围不同于门店氛围的直接，但是一样能感知到东西。

2. 团队氛围管理：构架起大区、区域管理者为销售目标而战的团队氛围，是营运单位掌舵人应有的基本功。除了依据绩效进行奖励升迁外，还要从心灵深处挖掘每个管理者的潜能，来管理区域、辅导门店提升业绩，扩大市场份额。就如同一位优秀的集团总裁说的，集团没有管理岗位，即便我作为总裁，首先也是一个业务员。业绩不好，抱怨没有用，机会永远躲着抱怨走。当一个人抱怨太多的时候，就不适合做业务员，因为销售永远是对机会的把握。

3. 饥饿感管理：门店管理体系，也是作战指挥体系，除了员工英勇善战外，每个指挥员的能力、意志力和遇到竞争者的亮剑精神也很关键，要有不怕输的精神，要有对销售的饥饿感，才能抓住每一笔销售机会，把机会变成门店交易。

4. 日常管理：针对门店体系，营运后勤日常管理包括日目标达成管理、关键销售数据管理、总部与门店沟通体系管理（第七章有介绍）、经营会议管理、营运体系完善管理、区域规模管理、人员协调管理、营运体系执行力管理、绩效管理、目标与激励管理及行政作业管理。

四、人力指标管理

1. 人均劳效

单位总收入 / 单位总人数，是一个相对管理性不强的指标，在人力贡献度提升的初级阶段使用。

2. 人事费用贡献率

单位总收入 / 单位总人事费用，就是每一元人事费用的投入能创造多少收入，管理的比较精准、精细。

单位可以是一个公司、一个部门、一个班组等，期间可以是年、也可以是月，甚至是日，就看管理诉求或目标层次了。

五、商品管理

1. 商品管理原则

（1）品质至上原则：品质就是生命，是门店生存的根基。如同 7-11 便利店创始人铃木敏文在《零售的哲学》一书中写道："我反复告诉公司员工，7-11 追求的永远是品质二字，不能给消费者带来价值感的产品无法在市场上占有一席之地。虽然让顾客形成冲动性消费的契机数不胜数，但倘若这一切没有建立在品质这一重要的根基上，则必将失去顾客二次消费的机会，让顾客对产品的兴趣消失殆尽。如此一来，事业只会是昙花一现，毫无成长性可言。"

（2）商品满足原则：一般情况下，商品满足率达到商圈顾客 80% 以上为满足，当然满足率在 50% 也能吸引顾客到店消费，但一旦竞争者的满足率超过 50%，门店顾客分流的风险将会加大。当满足率达到 80% 以上后，门店商品力相对较强，除非是有大体量的竞争者进入，否则，加上便利等条件，顾客是相对稳定的。比如 7-11,100 平米的便利店产生日过万元的销售规模，商品满足率高，坪效高。就如同便利店前辈所说，要在 250CC 的瓶子中，挤进500CC 容量，这就是能力。只要挤进去的多，就会赚取的多。

（3）商品规模提升原则：门店受规模影响，很难将全部商品整合到门店，无法做到大而全，需要做到小而精。通过某类有价值的商品进行规模销售，成为商品中的明星，带动吸引客人到店。门店选择几款适合商圈的商品进行规模销售，提升进店顾客对这几款商品的购买率，来提升销售，扩大顾客影响力，吸引更多的顾客购买。

（4）商品价廉物美原则：顾客消费充满两面性，即使身处物质丰富的时代，虽然生活富裕，即便有钱，理性消费、追求价格物美价廉始终是人之本性。连锁门店通过规模采购降低价格或生鲜商品产地直采等方式，减少中间环节，压缩加价链，把中间价格提高的部分最大化的让利于顾客。目前永辉在生鲜和服装类商品已经实现了价廉物美的原则，同品质的价格远远低于市场同平台的价格。特别是中国的销售时代再次进入商品时代后，渠道终端的竞争力源泉就是质优的商品和实惠的商品价格。

2. 商品鲜度管理

（1）常温商品鲜度管理：常温商品门店考核的行业指标为周转率和保质期管理，周转率一般为每月 2 次以上，保质期指标分为 24 个月、18 个月、12 个月、6 个月、30 天、7 天等。

（2）生鲜商品鲜度管理：生鲜商品下架标准并没有严格的行规，主要是以鲜度作为判断标准，贩售的时限与生鲜区温度、生鲜品储存环境有关，还与门店人员的照顾程度和顾客素质有关。生鲜商品一般在低温环境中贩售，不同的生鲜品有不同的储存温度标准，一般在零上 4℃左右；门店人员关键是要照管及做翻台鲜度管理，对不符合鲜度标准的商品及时清出等；顾客购买习惯方面要防止挑拣中的鲜度破坏，方便选择中还要做防损管理。

3. 商品配置管理

根据顾客需要，调整商品结构，不断优化商品类别，使商品组合更加切近顾客需求。要不断优化商品配置，在追求标准配置的基础上，应放开30%的标准部分作为门店差异性，提高因地制宜，以顾客为中心的经营理念，形成有效的、符合门店顾客需求的商品配置图。

六、营运基本功管理

1. 顾客服务管理：服务的最高境界就是制造差异性，只有你优于竞争对手，顾客一定会买单，一定会具有相对的忠诚度。差异性作为顾客竞争力三要素之一，服务上制造差异性，是较为容易实现的。其中，服务包括大服务和小服务。门店从小服务、面对面的服务开始，但对于连锁企业要从大服务着手，培养服务上的差异竞争力。

2. 商品订货管理：精准订货作为门店的一项基本功，决定了门店效益大小，"缺货等于自杀"，就是断送财路。在商品过剩时代，顾客只买他们最想要买的产品。目前，门店经营最难做到的是精准订货，而精准订货是门店立足的核心能力。顾客没有想要的商品，货架上放着的都是顾客不想要的商品，门店如同一潭死水，经营就很难有发展。此时要参照 POS 数据信息，进行 ABC 分析，并进行销售毛利贡献度分析，强化 AB 级商品管理。

3. 新店策略管理：新开店采取的经营策略是开拓策略，也是进攻策略，目的在于攻占市场，获得相应的市场份额，在激烈的市场竞争中获得一席之地。

4. 档期管理：新开店开展档期活动是吸引来客很重要的方式，前期除做好门店基本功外，档期活动就是经营噱头，是拉动力。但活动也要讲究连贯性与闭环性。每档活动商品选择要错位，尽量在一个期间不宜重复，对于日配类每日必需品还要每档期加大力度，轮番轰炸，使顾客养成来店习惯，俗话说就是"跑顺了腿、吃惯了嘴"，自然拉动效益凸显。

七、顾客资源管理

顾客是门店生存之根本，是社区立足之源，而门店如何获得长久的客流则是经营的核心。商品同质化、竞争差异性越来越小，顾客选择的空间越来越大，并且忠实顾客的转移成本较低，门店养成的顾客时刻面临被分流的可能。即便是最忠实的顾客也是暂时性的，经营方面的优势也是暂时性的。

1. 会员管理：通过会员系统，掌握消费者基本信息，然后锁定客户，做好客户管理。

2. 创造价值：通过提升门店的体验性，做好商业本质，给顾客创造价值。

3. 客情建立：顾客关系管理，立足社区、服务于民，把顾客的利益放在心上，尽可能地为顾客提供好的商品、优惠的价格和顾客满意的服务，回归商业的本质。

八、立地立足管理

1. 立地

如同不同树种要选择相匹配的土壤、气候、温度区间等一样，门店立地也要选择合适的区域地块，才可能活，并长成参天大树。

门店立地也是要找到可以立足的地块，满足符合各项条件。立地后要同社区一起繁荣，并做社区的好住户、好邻居，在社区中树立标杆，形成立地优势。

还要用现代营销技术，通过微博、微信，支付宝等工具，充分应用现代互联网的技术手段，实现"实体店 + 互联网"的突破。

2. 立足

立足核心商圈，做实次级商圈，扩大边缘商圈。就是在立地区域激烈的竞争中能否生根发芽，长出果实。

门店的立足条件要求主要是，适者生存的能力。获得生存的资格，有利润、有效益，能够获得相对长期的发展，是竞争的结果，也是竞争选择的结果。

采购平台

采购平台，主要以商品为核心，将优质价廉商品纳入到连锁门店，创造效益。商品能说话、会说话是彰显经营水平，也是能体现门店差异价值的关键。

一般连锁企业，商品由省、市代理提供，选择与公司发展相一致的合作厂商，就是保证了商品来源。连锁门店在发展初期，一般规模小，厂商支援有限，很难获得比较有实力厂商的合作机会，即便能合作，条件也非常苛刻。连锁平台搭建的过程，也是采购优势提升的过程，也是商品资源优化的过程。

一、常温商品管理体系

首先依据门店经营定位，合理确定商品的广度和深度。广度是满足客户一次性购足商品的需求，深度是某一类商品的品项数的多寡。在拟定商品组合策略时，将广度和深度配合考虑，形成门店经营品项与特色。200平方米左右的超市，常温品项约3000个，考虑到节令性商品、季节性商品及汰换品滞留影响，信息系统品项数以不超过4000个为宜。

供货商要选择复数厂商，商品管理中要有回旋余地。

每个商品供货商供货品项数不宜超过100个，既可以避免资源垄断，也能降低经营风险。

签订供货合同，合同一年一签，明确供货价格等基本条款外，明确约定账期及免责性条款。

档期活动要与厂商联合开展，尽量利用厂商资源扩大顾客沟通，也可以诉求厂商给予资源配合。

二、生鲜商品管理体系

200平方米左右的超市，生鲜品面积在30%左右，品项数不超过100个，以大众化生鲜品为主，更加切近民生。

每个单品选择一个供货商，尽量建立复数厂商，获得生鲜品品质保证和价格比对。

对于生鲜品大部分属于日配品，开发生鲜产地直采规模，尽量每个品项都选择一个或多个产地，便于掌控资源，扩大利润空间，又有利于扩大受惠群体。

签订供货合同，合同一年一签，明确基本条款，明确约定账期及配合性条款。

三、自有商品管理体系

台湾 7-11，有 70% 的食品为自有商品，属于差异类别，毛利高，又能抓住卖点，特别是热食类很受顾客欢迎，就一杯咖啡，一年卖出几亿杯。

四、营销活动管理体系

营销活动，包括营销策划，情景设置，环境衬托等，将公司想法极大化传递给消费者。

五、空间管理体系

标准的 CIS 体系是连锁店执行的基本要求，门店空间管理的核心就是合理配置货架及陈列器械，合理规划后场和前场面积，合理利用每个死角，实现门店空间极大化利用。

物流平台

物流管理是连锁业发展继门店营运平台后的第二大平台，是连锁企业创造利润的第二大源泉。掌握物流是连锁业提高销售额，通过集中配送降低门店营运成本的关键要素。物流、资金流和信息流简称连锁业的"三流"，如何以经济的方式保障物流，是销售保障的最重要的一环，也是衡量连锁业运营效率的重要指标。

目前物流体系建立最好的应当为台湾统一超商，其拥有四大物流体系，分别为常温物流、低温物流、鲜食物流、出版品物流，他们环环相扣，成为台湾最具有竞争力的物流运作体系的标杆。

在创业初级阶段，主要包括物流布局和物流运作体系的搭建两大部分。

一、物流布局

一般情况下，物流仓库的布局与门店布局要相匹配，物流仓库的最佳配送半径为200公里，以当日配送2次为最佳流转效益。标准的物流配送车辆每次配送总金额约为3万元，考虑到物流空间正常运作，每天出车在100次，相应接受厂商配送车辆也得100次以上，可提供200家连锁门店，创造年销售额10亿元以上的营运规模。

统一超商在台湾有8个常温物流中心，在只有山东省1/4面积的台湾区域，负责近5000家7-11门店常温商品的配送。

二、物流体系搭建

1. 常温物流体系

包括订货管理、仓库管理、运输管理、安全管理等内容，还包括组织架构、人员配置的软性能力配置。

（1）常温体量：按照配送半径，依据门店网点布局，物流仓容是配送门店总面积的三分之一为最佳，当然面积要依据配送门店规模与配送量而定。

（2）库容管理：依据信息单，进行仓库的进销存管理与商品陈列管理和鲜度管理。

（3）订货管理：订货的有效性、货物的周转率和缺货率作为考核的关键性指标，成为物流支援能力的验证性指标。目前有独立的团队应对，是连接门店、供货商之间的桥梁。数据的正确性及准确性直接关系到门店的经营效益。

（4）鲜度管理：物流作为门店和厂商之间的中间环节，如果做好了，可提升门店及厂商的运作效率，如果物流效率不高，就会影响商品鲜度，因耽搁保质期，会减少在门店的贩售时间。一般情况下，物流的每月周转率在4次以上，才能给门店提供最有鲜度的常温商品。

2. 生鲜物流体系

包括生鲜订货管理、冷库及常温场地管理、配送管理、安全管理等硬件软件设施搭建，还包括组织设置、人员配置及标准化的软性能力搭建等。

（1）生鲜体量：体量与配送半径内的门店数量有关，也与生鲜的配送规模有关。功能包括冷库暂存区、收货区、出货区、分拣区等，又必须配置冷链系统，包括冷库、恒温运输车等。目前，成长型连锁企业冷库租赁的较多，成熟性企业冷库自建型较多，但冷链配送车一般为外包车辆。

（2）库容管理：依据信息单，进行仓库的进出存管理与商品陈列管理和鲜度管理。

（3）单位数管理：确定最小单位数，生鲜商品以最小、最低包或箱为起订标准，让源头产品按照标准进行分装，门店按照标准订货，实现上下标准统一，省去中间环节触摸商品的风险，最大化提高生鲜分拣效率。比如，5公斤为一包或一箱，实现规格化、标准化管理。

（4）订货管理：低温商品订货模式，部分商品订货属于日配模式，要求订货能力强，反应快，比常温物流要求更加严格，订货难度更大。

（5）鲜度管理：生鲜仓库在某种程度上是过仓，追求的是快进快出，是日配类商品，是鲜活有生命的蔬果、水产等，在最新鲜的时候周转到门店销售。在某种程度上，时间就是价值，时间就是利润。包括 24 小时作业、快速流转，体现出高压力、高负荷。

3.配送体系搭建

主要包括对第三方配送市场的拓广，属于业务搭建范畴。

配送体系分为两种，分别为直营型与第三方型。直营型配送体系主要车辆配送管理由自己投入组建，便于管理，但成本高，配送风险也高；第三方配送体系主要是委托第三方物流公司进行配送，按照车次约定配送取费，目前标准一般为配送成本金额的 1.2%~1.5%。台湾 7-11 门店配送外包给 3 家运输公司，配送费用相对较低。

4.物流信息

物流配送中心，货物流转全靠物流信息系统。每一个物流中心容量，相当于几千平方米到几万平方米的大店铺，库存商品金额巨大，高效信息系统服务功能有效地提升了物流运作效率。

财务管控平台

现金流动管控：主要管理营业款，其中包括现金、银行卡、现金卡、微信、支付宝、消费券等，要求安全规范使用，确保流向正确，资金及时归位。

一、商品库存监控

主要是进销存监控，通过库存管理系统实现商品与系统信息对位一致，使商品的流入、暂存、流出及时准确、真实可靠。同时，库存管理的核心就是库存周转率，公司有限的资金在门店有一个较为合理的沉淀，使库存金额与销售额相匹配，确保商品有一个合理周转。

二、物流运作监控

连锁企业中，物流是门店的上游单位，也是供货单位，物流的运作有效性及财务监控的有效性决定了门店的有效性和效益创造。财务对物流监控，使物流运作过程实现成本效益最大化。

三、信息流监控

主要是企业资源管理系统，包括对财务单据、经营管理信息等进行监管。

四、往来票据监控

主要是对进货、退货单据的管理监控，还有厂商返利、活动支持等监控，确保公司的钱按数按时返回到公司账面上，需要给厂商的钱一分不少地按时按数打到厂商账户上，实现全面合作共赢。

安全平台

一、安全管理

安全管理（Safety Management）是管理科学的一个重要分支，它是为实现安全目标而进行的有关决策、计划、组织和控制等方面的活动；主要运用现代安全管理原理、方法和手段，分析和研究各种不安全因素，从技术上、组织上和管理上采取有力的措施，解决和消除各种不安全因素，防止事故的发生。

门店的安全管理体系包括安全制度标准、物业技术标准、安全用电标准、安全操作标准、安全责任标准和安全督查标准。

二、安全制度标准

安全是建立在严格严谨的制度基础上的，只有完善有效的制度，容入人的智慧与执行力才能确保安全落地。连锁业规模效益突出，但恶性事件波及效应影响也巨大，对品牌信誉、社会口碑等都会造成连锁反应。

广义上的连锁业制度都是以安全为底线的，大的安全就是公司整体安全，包括资金安全、资产安全、证件安全、单据安全、设备安全、运输安全、人员安全、商品安全、环境安全等。

狭义讲的安全主要是火、水、偷盗、伤害等方面，对自身或他人造成伤害的隐患或安全事故。安全制度主要包括用电安全管理、用水安全管理，天然气、煤气安全管理等。

三、物业技术标准

物业承载量、结构安全指数、物业使用参数等有相应标准，在执行中严格落实。

四、安全用电标准

门店最大的安全隐患就是用电安全，包括电量超负荷、线路老化、漏电、终端用电设备不安全因素等。在物业取得中，要有总负荷标准，各路用电分配标准、终端使用标准、线路更换标准、线路日常检修标准等，确保门店经营万无一失。

五、安全操作标准

主要指终端设备使用标准，分为照明功能、冷冻冷藏功能、信息设备功能、后台维护功能等，建立相应的使用规范标准，健全操作手册，形成操作步骤，养成安全文化，形成安全意识。

六、安全责任标准

落实层层安全责任体系，责任人对责任区间承担责任，上级管理者承担安全主管责任，签订安全目标责任书，将安全责任与经营发展责任放在同一个责任平台。现在国家对政府、企事业单位落实双责制，要求党政干部同担安全责任，发生安全事故处罚力度也极大，连带责任处罚范围也在扩大。

七、安全督查标准

落实安全督查一票否决制，安全督查单位对安全执行单位实施一票否决制，对安全事故实施零容忍，提前预防、提前排除隐患，督查落实安全责任制度，确保安全万无一失。

制定安全管理体系，使公司每位员工了解安全的重要性。后附安全管理体系标准性文件。

第7章
沟通渠道架构攻略

连锁业体系真正的灵魂就是沟通，沟通也是保障体系运作的最有效方式，不管是过去、现在、还是将来，都是。架构连锁业沟通体系，有效架构门店与总部有效的沟通体系，这也是连锁标准化、模式复制成败的关键。沟通就是生产力，沟通机制的有效到位程度决定连锁效率效益。

连锁业模式、标准及规范要求，只有通过人的管理来实现，而使这些落地更重要的是沟通，唯有沟通方能走远，才能确保复制成功有效。

日常沟通机制

一、目的

建立总部与门店之间畅通的沟通渠道，使门店问题得到快速处理，总部执行事项得到执行，确保总部与门店正常的工作程序和运作流程，模式得到复制落地。

二、原则

1.优先服务原则：根据连锁业的精神要求，总部为服务中心，为门店做好服务，门店才能为顾客做好服务。需要总部视门店为顾客，为门店提供优质服务。树立门店的问题为公司最大问题的观念，对于门店提报的任何事情，需要总部各职能部门即速解决，并将处理的结果及时反馈到门店。

2.先行负责原则：营运窗口作为规范流程最重要的环节，如总部人员接到门店的电话，属于自己分内工作，直接解决。门店接到总部需要提供服务的事项，门店第一电话接听人负责跟踪落实，在约定的时间内完成，上报总部。

3.追踪、追究原则：门店所提报、反映的问题，各个部门须在相应的期限内解决，营运窗口负责追踪，依据事件影响程度，追究缘由，并向分管主管、总经理报告；总部需要门店提供的资料、信息，营运窗口在相关部门约定的期限内追踪门店完成提报事项。

三、自上而下

1.总部需要门店执行或修改的关系门店运作的事宜和事项：总部各单位

需要门店配合执行的作业事项，营运窗口作为惟一的窗口，各单位就相关执行事项与营运窗口沟通，营运窗口整合后，下发到各门店；对于影响门店正常运作的重大事项，营运窗口向分管领导报告后下放到各门店，紧急情况例外处理；营运窗口需要门店执行的事项，正常的流程为营运窗口先通知到各区门店。

2. 总部各功能部门需要通过营运窗口流转到门店的事宜事项：总部需要门店执行的文件、文本，包括通报、管理规定、通知、流程修订、操作手册、营销活动手册等需要门店执行、操作的文件、文本资料。跨部门人员的调动，包括员工调离或调入营运部门，需要经过相应领导的同意，不涉及其他各部门的事项，按照营运内部程序操作。门店经营项目的变动执行，包括门店经营项目、商品品项增减，Layout 的调整，系统信息的变更，厂商及合作项目的清退或引进等与门店经营相关的内容。总部各功能部门对门店规划作业项目，包括总部各功能部门对门店进行装潢、检测、维修、经营项目改造等影响门店经营的相关内容。

3. 门店需要总部各部门配合解决的事项：门店反映的问题，包括政府各职能部门的检查等任何运作问题，门店先上报区域经理先行解决，若无法解决的问题，区域经理上报营运窗口，由营运窗口会同总部相关单位解决；对于门店反映给区域经理的问题，门店做好登记，跟催。

以上三大类事项一般通过营运窗口下发，有的连锁企业是通过营业通知单（整合总部相关单位需要门店配合事项形成完整内容）定期（门店形成接收习惯，便于门店工作安排）下发，只针对一般事项，放在共享平台打印。但紧急事项启动紧急对接流程。

四、自下而上

门店遇到紧急事件，如果通知营运窗口造成时间拖延可能引起重大后果的，可以直接与总部各职能部门沟通，以求即速解决。同时通知区域经理，重大事故报告营运窗口。涉及咨询、业务查询、技术支持、服务类事宜、事项，总部直接反馈到门店，门店通过周报回馈。

如果是单店问题，启动单店对应，一般由区域经理对应。如果是门店普遍性问题，如某类商品品质异常，由营业窗口整合后整体应对。

五、相关约定

门店通过门店问题专线或区域经理反映给营运窗口的事项，营运窗口会同相关单位落实解决时间，负责跟踪相关部门落实，做整理登记。对于各单位未能解决的问题，营运窗口每周整理汇总一次，向分管领导报告，并在总经理会议上进行说明。每月汇总一次向总经理报告。

门店与总部之间直接沟通的事项，门店对于总部各功能部门的服务态度、工作质量不满意的，可以通过门店问题专线登记，由营运窗口登记整理，每星期汇总一次，将汇总资料提报到各部室分管领导。每月汇总一次向总经理报告。

对于有争议的事项，营运窗口会同相关单位解决，未能解决的，营运窗口向分管领导报告寻求支援解决。

各单位设立窗口，指定专人负责沟通。窗口的设立以部室为单位，上级主管为监管连带责任人。

总部各部门作业事项，实行全程负责制。为门店提供服务作业的每一事项，各功能部门全程为门店提供服务，以求门店在作业的过程中便捷、准确、到位，以免影响到门店的正常运营或给门店带来困扰。

六、联系窗口

联系窗口，如表 7-1 所示。

表7-1　联系窗口

单位窗口	联系人	电话	单位窗口	联系人	电话
财务窗口			采购窗口		
工程窗口			营运窗口		
信息窗口			物流窗口		
综合窗口			发展窗口		

七、流程图

流程图，如图 7-1 所示。

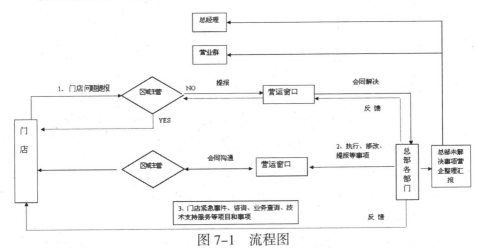

图 7-1　流程图

Callcenter（客户服务中心）

一、工作目的

积极配合门店及总部各部门的设备、系统、装修等叫修工作，合理分配各支持资源，提高叫修工作的效率，减少公司因故障引起的损失。

建立反映窗口单一化，降低无主电话转接率，专人处理、追踪，确保反映事件获得处理。

创造顾客全面满意服务，建立企业优质服务口碑，树立以顾客为导向之企业形象，提升组织竞争优势。

二、定义

Callcenter：即客户服务中心，负责解答公司内外部顾客的咨询、抱怨和故障叫修等工作。

1. 服务分类

（1）信息叫修：公司内部电脑、打印机、收款机、网络设备、电子秤等资讯类设备故障，公司内使用之各种应用软件及应用程序的故障叫修。

（2）工程叫修：公司内非资讯类设备故障、装修方面的故障叫修。

（3）顾客抱怨：外部顾客和厂商的投诉建议电话。

（4）团购接单：外部顾客面向总部的团购业务电话接单。

（5）外部咨询：外部顾客和厂商的问题咨询电话。

2. 动作分类

（1）接听电话：客服人员接听专线来电，并聆听电话内容，确认部分信息。

（2）线上指导：客服人员在电话中针对内（外）部顾客的问题进行相应的解答。

（3）叫修（客服）登记：将内（外）部顾客反映的问题内容以及解决后续处理等信息登录到相应的登记表中。

（4）事件追踪：对记录中未完成之事件，向事件部门进行电话追踪，督促事件解决的进度。

（5）销案：事件处理完成之后相应负责人致电客服中，客服人员将记录标为已处理状态的过程。

（6）回访：针对事件处理人回复已经完成处理的记录，客服人员致电问题反应人咨询事件处理结果的真实情况的过程。

（7）资料存档：对于已完成的记录，作为信息资源以文件的形式保存，以备后续查询使用。

（8）Callcenter 纪录编号规则：***********（11 位编号）。

三、标准流程

1.信息叫修作业流程说明

（1）接听电话：明确叫修门店名称、门店编号、叫修人员姓名、联系方式、故障现象、叫修时间等。

（2）电话指导：确认线上指导是否可以使门店自行解决问题，防止误叫修，增加维修费用。

（3）叫修登记：写明叫修编号、受理时间、（叫修）单位名称、叫修人员姓名、故障现象、故障分类、维修部门（厂商）、接单人、受理人。

（4）通知相应事件处理单位：明确叫修编号、故障发生时间、（叫修）单位名称、叫修人姓名、联系方式、设备故障现象。

（5）故障排除追踪：每天检视未完成记录，及时追踪机房信息人员故障的排除情况，直至故障消除。

（6）销案：故障排除后，机房信息人员回馈叫修中心，进行叫修记录销案。

（7）回访：故障消除之后客服中心回访叫修部门，追踪故障排除的效果，并完成未完成之纪录。

（8）资料存档：每月将已完成的叫修记录，保存为一个文档，按月份编号进行保存。

2.工程叫修作业流程说明

接听电话、电话指导、叫修登记同信息叫修流程说明。

（1）通知维护厂商：明确叫修编号、故障发生时间、（叫修）单位名称、叫修人姓名、联系方式、故障设备名称、设备故障现象。

（2）故障排除追踪：每天检视未完成记录，及时追踪维修厂商故障的排除情况，直至故障消除。

（3）销案：故障排除后，维修厂商要回馈叫修中心，进行叫修记录销案。

（4）回访、资料存档同信息叫修流程说明。

3.外部咨询作业流程说明

（1）接听电话：明确咨询顾客姓名、单位名称、联系方式、咨询内容等。

（2）线上解答：客服人员是否可以完成咨询问题的解答，以减少后勤其他人员对应的时间和精力。

（3）咨询登记：写明咨询编号、单位名称、咨询人员姓名、咨询分类、咨询内容、咨询时间、解答部门。

（4）通知解答部门：讲清楚顾客咨询内容、单位名称、咨询人姓名。

（5）资料存档：每月将已完成的咨询记录保存为一个文档，按月份编号进行保存。

4.顾客抱怨解决流程说明

（1）接听电话：明确顾客姓名、职业、单位名称、联系电话、事件内容、被抱怨单位、抱怨对象。

（2）线上解答：客服人员尽量完成抱怨问题的解答，以减少后勤其他人员对应的时间和精力。

（3）咨询登记：写明抱怨编号、抱怨时间、被抱怨单位、抱怨类别、抱怨对象、事件内容、顾客姓名、职业、单位名称、联系电话、解答部门。

（4）通知解答部门：讲清楚顾客姓名、单位名称、抱怨内容。

抱怨解答追踪、销案、回访、资料存档与外部咨询流程说明一致。

5.团购接单作业流程

（1）接听电话：明确顾客姓名、单位名称、所需商品、数量、是否送货、送货时间、送货地址、付款方式、联系电话。

（2）咨询登记：写明接单编号、接单时间、顾客姓名、顾客单位、所需商品、数量、是否送货、送货时间、送货地址、付款方式、联系电话、接单人、处理部门。

（3）通知事件处理单位：明确顾客姓名、顾客单位、所需商品、数量、是否送货、送货时间、送货地址、付款方式、联系电话。

（4）接单处理追踪：每天检视未完成之记录，及时追踪处理部门接单是否完成，成功与否。

（5）销案：接单完成后，处理部门要反馈客服中心，进行记录销案。

（6）资料存档：每月将已完成之记录，保存为一个文档，按月份编号进行保存。

6. 其他说明事项

每月 5 日之前将各客服模块的记录进行分析，并将分析数据提交给各相关部门，用于工作改善之用。

危机事件应对机制

一、定义

1. 危机事件

指会对公司造成伤害的特殊事件，例如，对公司暴力恐吓、勒索钱财、威胁下毒或爆炸、纵火等重大案件。如：

商品制造、贩卖或储存过程有瑕疵食品、黑心食品（掺假、替代品），可能导致商誉严重受损，必须全面区域性回收、下架处理。

顾客受伤、健康受损、财物损失等涉及门店费用赔偿的重大事件。

门店发生事件无法阻止媒体拍摄采访，可能引起大众广泛注意者。

其他经总部通知之重大事项。

2. 紧急状况事件

遭遇不可抗拒之灾变，如台风、地震、爆炸、水灾、火灾等，导致门店营运受严重影响，亟须给予协助，需于短时间处理善后及恢复营运者。

顾客在门店丢失财物的问题、顾客重大投诉事件或超越门店解决权限范围的事件。

遭遇灾变或特殊事件导致小区居民日常生活严重受影响，且受灾之小区居民被集中安置于某一处所时，可主动提供援助。

二、策略规范

营运单位面对危机事件或紧急状况时具有应变机制，以使特殊事件发生时，能迅速采取应变机制进行任务分工、联系动员，进而在最短时间内进行应变与处理，减少对公司或环境的冲击。

1. 危机处理小组设置

危机处理小组的设置，如表7-2所示。

表7-2　危机处理小组设置

功能	指定属性	职责
召集人	总指挥	危机处理小组的组成与解散；负责指挥危机处理小组的运作；随时将阶段处理的状况向上反映
协调支持组	功能担当窗口	充分掌握危机事件之动态，并联系总部危机小组成员；危机处理小组成员的任务分配；负责推动危机处理小组的运作；危机事件档案数据之建立与保存；负责瑕疵食品的判断、检验及搜集；搜集来自顾客服务中心有关危机事件的数据
紧急应变组	营运成员	负责对门店之指导、沟通及事件的发布；搜集可能影响公司的案件或事件数据，实时向营运窗口反映；建立常态的紧急应变小组，并进行任务分工，设立对总部的联系窗口，并定期安排演练；督导门店依危机处理的决议确实执行
法务组		提供必要的法律意见，协助协调支持组搜集证据
公关组		负责代表公司联系媒体、向外发言。提供必要且正确的情况给媒体，接待新闻媒体单位。召开新闻发布会及发言等，由公关组专项负责，以避免对公司形象产生影响
要求	危机处理小组的运作，以上述职责为原则，如因特殊事件影响重大，召集人要指示协调支持组视项目需求增加功能分组，共同协助后续处理	

2. 公司危机处理小组联络电话

公司危机处理小组联络电话，如表7-3所示。

表7-3　危机处理小组联络电话

危机处理小组联系电话			
	姓名	座机	手机	备注
召集人				
协调支持组				
紧急应变组				
法务组				
公关组				

上班时间，以办公室座机作为第一联系电话。节假日，主要以手机联系，小组成员须保持手机 24 小时畅通。

3.危机事件反馈及处理流程

处理流程，如图 7-2 所示。

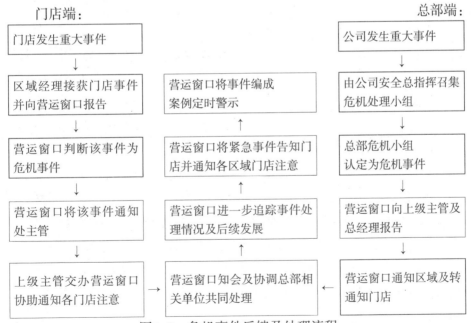

图7-2　危机事件反馈及处理流程

4. 危机小组运作规则

协调支持组平时负责小组成员联络资料的更新，搜集各区域危机事件数据，并视情况决定是否告知召集人，以利召集人决定是否召集危机小组。

所有危机决策应以社会大众、公司权益及员工安全为优先考虑。

为迅速获得最正确之危机数据，紧急应变组应充分运用各种工具，如录音、录像、拍照、电话及实时详细的书面记录反馈协调支持组。

特殊事件如商品发生异常，则需尽速自货架取下商品，联系品保专员协助处理，并依回报流程尽速将事件反馈危机处理小组。

如事件已经媒体采访无法保密时，危机处理小组应将事件反馈公关组及早准备公司统一口径的媒体声明及必要的公关等，公布正确的相关情况，以减低谣传对公司的影响。

各营运单位和部门不能直接接待新闻媒体单位或个人，更不能向新闻媒体提供相关资料、随意发言，否则，按照公司相关规定惩处。

危机事件处理完成后，由协调支持组召开检讨总结会，形成案例，作为日后参考或教育训练教材之用。

顾客投诉沟通机制

《现代商业》2007 年 11 期上曾发表过《利益导向中的顾客投诉》一篇杂论，谈到"只要你是门店，只要你为别人提供商品或服务，只要你的商品与服务有人消费，那么，消费过程与结果就会涉及到顾客利益实现问题，顾客投诉的发生就不可避免"。其中，主要包括顾客利益与顾客投诉、处理顾客投诉需注意的三个方面事项，内容如下：

一、顾客利益与顾客投诉

1.顾客利益

顾客为获得商品和服务支付成本后，通过消费商品或服务来满足自身期望，获得综合感受。如果顾客期望的综合感受没有被满足，就会产生抱怨行为。对于门店来说，顾客 80% 的抱怨是看不到的，因为一般情况下，顾客认为为抱怨获得利益比用同等的时间与精力获得其他利益低，也就忍了算了。而门店能知晓的顾客抱怨也只有 20%，这 20% 的顾客抱怨行为的发生形成顾客投诉。

2.顾客投诉

遵守利益实现原则，顾客是否投诉在于顾客能否对即得利益接受，如果不能接受，就会产生投诉行为。顾客投诉其实是顾客对自己利益未能实现的一种追补行为，这种追补包括获得尊重、说法、利益补偿等，其大概分为以下三种形式：

（1）顾客投诉——善意投诉（或者善意提醒）

善意投诉只适应于利益损失比较小或没有利益损失，顾客站在社会伦理或对企业负责的角度对企业作为不到位的善意提醒。比如，有一门店，主要从事连锁便利店的经营，在其中一个便利店开业的当天，一位大爷向店长抱怨道：他参与了两次便利店的开业，第一次碰到商品标示价格与收银处结款价格不一致，这次又碰到不一致的问题。大爷很诚恳地希望该门店以后不要再出现同类情况。

这类顾客投诉是善意的，是顾客在销售过程中对门店在经营中存在不足部分的提醒。对这样友善的顾客投诉，处理人员要做到：第一，要尊重对方，诚恳地听取对方陈述；第二，对于合理的建议要马上采取措施进行整改；第三，要对顾客进行回馈并感恩。

（2）顾客投诉——合理投诉

合理投诉是指确实因门店的原因造成顾客利益受损所产生的投诉行为。比如，因顾客结款等待超过门店承诺的时间；商品品质中有异物；商品消费后对顾客人体产生伤害；顾客在消费商品与服务过程中未获得服务人员公平对待等。对于处理这样的顾客投诉一定要遵循"快""准""狠"的原则：

一，"快"，快速应对，尽快平息顾客愤怒的情绪。如果对于顾客提出的合理要求或门店提出的要求顾客可以接受时，马上进行结案处理，避免夜长梦多而发生变故。"快"的另外一点要求是不要让顾客等待，等待只会让顾客产生更大的抱怨。

二，"准"，抓住顾客的想法，一步到位。中国人说话的特点是比较含蓄，只说三分，剩下的要靠对方猜测。那么，如何在最短的时间内找到顾客的"底线"，就比较容易解决顾客投诉。比如，对于顾客合理的投诉，一般门店都会尊重顾客，但经常发生"您要多少的赔偿或您想通过怎样的方式解决"的提问，如果是顾客来个狮子大张口，提出不合理要求，门店处理起来就比较被动。如果处理人员抓住顾客的"底线"，并踩住这个底线，采取先发制人方式，不断降低顾客期望值，把期望值控制在一个合理的利益议价空间，产生出一个利益的平衡点，就比较容易处理。

三，"狠"，要求投诉处理人员语言点到位、行为并行到位，让顾客没有还口还手之力，缩短处理时间，避免造成拖延，将事件恶化。"狠"是在遵守情、理、法的基础上的利益决策；"狠"在处理投诉时，处理人员适量的"霸气"，可以在气势上对处理投诉有一定的帮助。但能否需要适量的"霸气"，要看环境与条件是否需要。

（3）顾客投诉——恶性投诉

顾客自行车丢了，来到一楼的超市找到店长投诉，说他自行车锁在超市外边来超市消费，自行车丢失由超市来赔。因这个楼是一个商务用楼，一楼有停车区域，但不负责看管。店长提出两点：第一，外边不属于超市管理，由整个物业进行管理，超市不承担看管义务；第二，顾客说来超市消费，并没有提前做过任何需要超市协助看管自行车的请求，超市没有承担自行车赔偿的义务。在双方争执不下时，该顾客向当地媒体进行投诉。

以上案例属于顾客投诉中的恶性投诉，遇到这样的投诉事件，投诉处理人员没有什么更好的办法应对，只能遵循"理"与"法"的原则解决。如果顾客不听劝解或无理取闹时，处理人员必要时可通过政府社会职能部门或其他途径解决，尽量减少对企业产生负面影响。如果引起新闻媒体关注的，一定要做好媒体的关系处理。

一般来说，三类顾客投诉并没有明确的界限，其伴随时间、地点、环境和处理人员的差异出现相互转换。比如，顾客善意投诉中大爷的提醒没有被门店尊重或置之不理，可能会转变为其他形式的投诉行为。门店在处理投诉上能不能避重就轻，就看处理投诉人员对投诉的驾驭功力了。

二、注意事项

1. 当顾客投诉是非理性的

需要投诉处理人员一定要尊重对方，保持理性。其实，保持理性是很难做到的，人是情感型的高级动物，容易被别人的情绪所左右。所以，顾客的非理性可能就会引起处理人员的非理性。比如，门店超市开幕时间定为 10 点 18 分，顾客在未开业之前强行进入卖场并说"随便看看"，被门口值班人员委婉回绝后愤怒抱怨："以后再不来这里"，而门口值班人员以牙还牙反驳到："你永远别来，我们不少你一个！"

所以，顾客的非理性，要求投诉处理人员更加地保持理性，克制自己，不卑不亢，有理有据地同顾客进行沟通、说服，尽快达到一个双方可接受的解决方案。

2. 不要乱承诺

顾客找上门来要说法，一定是做好了充分准备，誓要从门店讨得一个说法。投诉是一种利益导向行为，更何况理由充足、铁证在手。

处理人员在应对这样的顾客投诉时，要理智当先：

第一，要按照国家的法律法规进行告知；

第二，要了解商品或产生问题的原因；

第三，必要时找权威部门进行问题的鉴定；

第四，争取大事化小。

不管怎样，不要给顾客乱承诺，这是对处理人自己的尊重、对门店的尊重、更是对顾客的尊重。否则,承诺了却无法兑现,就会演变为对顾客的欺骗,影响企业诚信。

3. 顾客抱怨是金

要学会善于听取顾客的真实意思和想法,并能在顾客的抱怨声中发现顾客意图,发掘门店在经营管理中的漏点。这些漏点也是企业提升与进步的机会点,是门店经营智囊团忽视的细节。顾客抱怨是金,这些机会点就是门店的竞争点,需要门店带着感激与感恩的心态善待那些为你创造机会点的人。

顾客投诉是有形的,顾客利益实现是无形的,顾客投诉的处理并不是一成不变的,没有条条框框。处理人员要依据时间、地点、环境采取不同的应对策略。但对于门店来说,要相信,这个世界上没有绝对完美的顾客投诉,就如同门店经营没有达到完美境界一样。不管是哪一种类型的顾客投诉,每一个门店都应该做到对顾客尊重,并尽可能地帮助顾客,站在顾客的立场进行思考,用感恩的心态去善待顾客投诉。

总而言之,没有顾客,哪有门店;没有顾客利益实现,哪有门店利益实现。门店具体投诉处理流程参照附件。

附 录

附件1:

发展加盟选址标准

预定点位置:　　　　　　房产归属:□个人　□公司　□政府　□企事业单位		
商圈住户数:　户　　　　户均年收入:　元　　　商圈类型:		
套内建筑面积:　　　平方米□　　　　　　建筑面积:　　　平方米□		
起始房租:　　万元/年　　折合单价:　元/平*天　递增情况:		
周围单价:　　元/平*天　　　　　　　　　面宽:　　　米		
租期:　　年　免租期:　天　　　　　　付款周期:		
水费单价:　　元/立方米　　电费单价:　　元/度　物业费单价:　　元/平方米*月		
电力状况:		
空间拆除:		
厕所配置:□公司自建□与房东共用厕所□使用公共厕所□其他＿＿＿＿＿＿＿		
预估指标　　　　　　预估PSD(不含税)　　净利　　　损益平衡额（不含税）		
第一年　　　　　　　　　　元　　　　　元　　　　　　元		
第二年　　　　　　　　　　元　　　　　元　　　　　　元		
其他说明:□是否办理消防手续　□是否可申请营业执照　□其他情况 　　　　PSD=日均销售额		
直营门店还是加盟店必须按照正常的审批流程执行。 发展加盟单位提出申请,会同营运、采购部门意见,最后报总经理签批。		
发展单位意见:	营运单位意见:	采购单位意见:
总经理签批意见: 　　　申请人签名: 　　　　　　　　　　　　　　　　　　年　月　日		

目标店商圈说明（一）

实际可使用面积：	平方米

可掌握居民户数：_____户。请于图中标注各小区户数。新区请注明入住率。若住宅区为单位小区，请在图中注明单位名称及住户阶层；若为一般散户，请进行居民收入抽样调查。

商圈图　调查半径：_____米　　　　　　↑北 　　　　最近的既有店为_____，间距_____米	商圈主要特点及优劣： 优势： 劣势：
商圈消费水平描述：	综合评价：

竞争状况：在图中注明构成竞争的大卖场、超市的店名、位置				竞争度综合评价： □ 高 □ 中 □ 低
竞争店名				
日均销售				
面积				
距离				
商圈组成因素影响度结构图	影响销售的主要因素：住宅%；干道因素%；磁点因素%			

目标店商圈说明（二）

一、商圈构成

1. 商圈内有效住户

编号	小区名称	实际入住户数	住户工作单位	收入状况评价	其他说明

2. 其他潜力人群：（办公、学校、医院、娱乐重要磁点等）

编号	人群类型	人口数量	收入状况评价	其他说明

二、动线图：请在商圈图中标明社区主出入口位置和人流的动线

商圈动线图	动线说明：

目标店关键事项确认表（三）

序号	类别	内容	达成情况	备注栏
1	位置	1. 是否主干道	□是 □否	需用数字回答或文字描述的请在本栏中注明。
		2. 是否NO.1	□是 □否	
		3. 是否三角窗？	□是 □否	
		4. 面宽多少米？	米	
2	房产及房屋	1. 是否有房产证	□是 □否	
		2. 若无房产证，该建筑是否为合法建筑？	□是 □否	
		3. 房屋或土地是否商业用途？	□是 □否	
		4. 是否可开消防通道？	□是 □否	
		5. 我方所租部分，结构是否需要改造或加固？	□是 □否	若无房产证，是否有房管局出具的房产证明材料。
		6. 如果是二房东，有否整体转租的合同？	□是 □否	
3	验收证件	房屋有否消防验收合格证？	□是 □否	
4	物业配置	1. 是否有上、下水？	□是 □否	
		2. 可提供电负荷多大？是否达到要求？	□是 □否	若需要改造或加固，由 □甲方负责。 □乙方负责。
		3. 有否独立设水表？水价多少？	□是 □否	
		4. 有否独立设电表？电价多少？	□是 □否	
5	租赁费	1.租金价格（含税或不含税）？		电负荷 ____千瓦 水价_____ 电价_____
		2.递增率？递增周期？		
		3.支付方式和支付周期？		
		4.装修免租期多长？		
		5.是否需签物业管理合同？物业管理费价格？		
6	租期	租赁期限多长？		
7	票据	1.是否能够开具合法的房屋租赁发票？	□是 □否	
		2.是否能够开具合法的水、电费发票或收据？	□是 □否	
8	停车位	1. 是否可停车？ 停车场面积多大？	□是 □否	物业费价格 _____
		2. 是否免费使用	□是 □否	
9	招牌位	1. 有否招牌位？ 招牌位位置？	□是 □否	
		2. 是否免费使用？	□是 □否	
10	室外机	1. 是否有合适位置安放空调、冰柜室外机？	□是 □否	
		2. 是否位置会扰民？	□是 □否	

其他重要情况补充说明：_____

_____

_____。

目标店销售预测（四）

算法一：样本店类比法。

样本店：

目标店日均销售额

＝样本店日销售额×（项目店商圈人口/样本店商圈人口）×（项目店消费力指数/样本店消费力指数）×（样本店竞争饱和系数/项目店竞争饱和系数）×调节系数

＝ _____ × （ _____ / _____ ） ×

（ _____ / _____ ） × （ _____ / _____ ） × _____

＝_____

系数取值说明：

消费力指数取值说明	竞争饱和系数取值说明	调节系数取值说明

注：样本店原则上选取现有门店或同商圈中的竞争者店。

算法二：人车流量法。

_____人潮×_____入店率＝(A)_____客数

_____自行车×_____入店率＝(B)_____客数

_____汽车×_____入店率＝(C)_____客数

(A)_____客数＋(B)_____客数＋(C)_____客数＝(D)_____客数

(D)_____客数×购买率×_____客单价＝(E)_____白天销售额

目标店日均销售额2＝(E)_____日销售额

说明：入店率取值于行业标准或企业标准值

一、目标店成熟后PSD的确定：

若算法一日均销售额＜算法二日均销售额，则项目店预估日均销售额＝日均销售额1＝_____

若算法一日均销售额＞算法二日均销售额，则项目店预估日均销售额＝（日均销售额1＋日均销售额2）/2＝_____

二、目标店开业初期日均销售额的确定（概算模型）：

目标店经营设备投入概算（五）

设备类型	设备名称	规格	单价	数量	合计	折旧年限	每年折旧
制冷设备	冷藏柜						
	冷冻柜						
	安装及材料费						
空调设备	空调						
	安装及材料费						
信息设备	POS						
	PC						
	打印机						
	价签打印机						
	电子秤						
	扫码枪						
	POS						
110报警							
监控设备							
装修工程	元/平米						
固定资产投资合计							
货架	卖场货架、仓库货架						
	蔬果架、堆头、烟酒柜						
	款台						
招牌							
其他用品及开业杂费							
其他施工费							

（续表）

设备类型	设备名称	规格	单价	数量	合计	折旧年限	每年折旧
装修耗材	地砖						
	乳胶漆						
	墙砖、广场砖						
	灯具（元/平方米）						
低值易耗品投资合计							
投资总计							

目标店经济效益预估（六）

		开业后第一个整年（元）	开业后第二个整年（元）
预估日销售额：			
预估损益	不含税营运额		
	综合毛利率	%	%
	毛利额		
	减 门店总费用		
	人事总费用		
	租金		
	水电费		
	物业费		
	一次性摊销		
	折摊费用		
	财务费用		
	其他费用		
	门店经营利润		
	盈亏平衡营业额	元	元

营运净额按照预算目标值计入。

综合毛利率按照当前数据增加成长性预估值。

人力成本为万元/人/年。

门店人数按照目前模式测算。

折摊费用按照标准配置测算。

一次性摊销按照财务做账原则入值。

电费参考：用总用电量和项目店电费计算。

其他费用，暂依营运净额％，取一个标准值。

盈亏平衡营业额=门店总费用/365天/综合毛利率，形成目标综合毛利率。

目标店客流量测量（七）

数 量 时 间	路名： 测量流向：□双向　□单向 (汽车测单向)		
	行 人	自行车、电动车、摩托车	汽 车
7：00～8：00			
8：00～9：00			
9：00～10：00			
10：00～11：00			
11：00～12：00			
12：00～13：00			
13：00～14：00			
14：00～15：00			
15：00～16：00			
16：00～17：00			
17：00～18：00			
18：00～19：00			
19：00～20：00			

（续表）

数 量 时 间	路名：		
	测量流向：□双向　□单向 (汽车测单向)		
	行 人	自行车、电动车、摩托车	汽 车
20：00 ~ 21：00			
合 计			
总 计			

★依据商圈特性由拓展加盟经理决定人、车流的测量时段，一般要求测量全天。

★若道路为非主干道，中间和双侧均无隔离，人车流计双向；若道路为主干道，中间或双侧有隔离，人车流计单向。

★汽车只测单向，测私家车、公务轿车、附近有站点的公交车。

★若为三角窗，需测量两条马路的流量汇集数值。

目标店商圈中竞争者调查（八）

	店名	行业	面积	租金价格	起租时间
租金行情表：（100米半径内，取样5-10家，以面积与本预定点类似之门店为重点）					
1					
2					
3					
4					
5					
6					
7					
8					
9					
10					

（续表）

| 现场实况：（以照片附图） |
| 明显度：目标店可展示的区域半径 |
| 接近性：目标店人流、车辆可能接近程度 |
| 最佳位置：区位图上进行标记 |

目标店洽谈备忘录（九）

时间：

地点：

双方人员：

_____

_____

_____

_____

_____

_____

_____

_____

_____

_____

_____

_____

_____

_____

_____

_____

_____

_____

_____

拓展经理签名：

对方人员签名：

附件2：

房屋租赁合同

出租方：　　　　　　　　　　（以下简称"甲方"）

承租方：　　　　　　　　　　（以下简称"乙方"）

根据《中华人民共和国合同法》及相关法律法规的规定，甲乙双方在平等、自愿，充分协商的基础上，就乙方租赁甲方房屋的有关事宜，签订如下合同：

一、陈述和保证

1. 甲方保证其出租行为合法并且该物业为合法建筑，对该物业及附属设施设备拥有完整、有效的产权和出租权。并保证租期内不因该房产产权或抵押等出现争议、纠纷而影响乙方经营，否则，甲方应赔偿乙方损失，且乙方有权决定是否解除合同。

2. 乙方保证将依法使用承租房屋。租赁期间，如果乙方利用承租房屋进行违法活动，甲方有权解除合同，乙方应当承担由此给甲方造成的损失。

二、位置与租赁范围

该租赁房产位于＿＿＿＿＿＿＿＿＿，租赁范围＿＿＿＿＿＿＿＿＿，面积约＿＿＿＿＿平方米。

三、租赁期限

租赁房屋的租赁期限＿＿＿＿年，即＿＿年＿＿＿月＿＿＿日起至＿＿＿年＿＿＿月＿＿＿日止。

四、租赁用途

乙方用于其营运执照记载的经营范围经营。甲方同意乙方根据经营需要将部分房屋或场地出租给第三方使用，该出租行为不影响本合同的效力。部分出租时乙方不必通知甲方，但整体转租须经甲方书面同意。

五、租赁房屋的交付

1. 甲方应在_____年_____月_____日前将房屋清空，交付乙方使用。

2. 租赁房屋交付时，双方应指定人员共同参与，对房屋及附属设施设备等进行验收，并记录水、电、煤气表读数。

3. 甲方应保证所交付的租赁房屋本身及附属设施、设备处于能够正常、安全使用状态，不存在建筑和质量缺陷（S ≥ 800 ㎡需提供）。否则，由此给乙方造成的损失，甲方应对乙方给予赔偿。

六、租金与支付方式

1. 房屋租金_____年_____月_____日至_____年_____月_____日，每年租金为_____元（大写：_____）。自房屋交付之日起45天为免租期，乙方无需缴纳租金，即租金自房屋交付之日起第45天起正式计算。若乙方延迟交房，则租金起算日期顺延。

2. 支付方式及凭证

租金本着"先租后用"的原则按季度支付，即乙方在每季度初十五日内向甲方支付本季度租金。乙方在向甲方缴纳房屋租金时，甲方向乙方出具税务部门认可的房屋租赁发票。

交租流程：甲方在每季度末前十五日内将下季度租赁发票送达乙方，待乙方收到并核对正确后，以电子汇款的形式将租金打到甲方账户上。甲方接收租金的账户为：_____。因甲方未按时向乙方送达发票或因甲方提供的发票有误导致乙方延迟缴纳租金的，不视为乙方逾期交租。若乙方未能按时缴纳租金，甲方有权利解除本合同。

七、租赁房屋的装修或配置营运设施

1. 租赁期间，乙方可对租赁房屋进行商业装修、配置营运设施。并保证不破坏承租房屋的主体结构，如需改变主体结构事先应征得甲方的书面同意。

2. 甲方房屋门前场地归乙方使用。

3. 乙方所租赁房屋的外墙面及图示位置招牌位归乙方独占使用。

4. 甲方应根据乙方经营需要为乙方提供空调机外机、冷柜外机位置、排烟通道等，并负责协调好与周围业户的关系。

八、租赁房屋及设施设备的维修

承租期内，房屋（包括房屋附属物）维修及属于甲方的设施设备的维修或更换由甲方负责，但属于乙方使用不当造成的上述问题由乙方维修或承担赔偿责任。乙方在房屋或设备要维修或更换时应及时通知甲方，甲方应在七日内维修或更换，甲方拒不维修或迟延维修及更换的，乙方有权自己维修或更换，所需费用由乙方从租金内扣除。在甲方迟延维修期间给乙方造成损失的，甲方应给予赔偿。属于甲方承担的维修或更换义务，无论是否由甲方维修或更换，因维修或更换影响乙方使用的，应当相应减少租金。

九、物业设施、设备的管理与费用缴纳

甲方向乙方提供上下水、用电设施，并为乙方独立设置水表、电表，380伏电源由甲方负责安装到营运厅（用电负荷40千瓦）并保证水电正常供应（水、电管理部门维修或调度导致临时中断除外）。甲方根据乙方实际用水、电量依照政府规定的水电费价格向乙方收取水电费（水价：_____，电价_____），并开具税务部门认可的水电费票据，不再加价或加收其他费用。如遇政府政策性调价，乙方所支付价格随之同幅调整。

在乙方合法使用房屋及水电并正常缴纳房租、水电费的情况下，甲方不得因甲方自身原因及其他任何与乙方无关的原因影响乙方使用房屋及水、电，否则，由此给乙方造成的损失由甲方赔偿。

十、合同的变更、解除与终止

1. 本合同生效后，任何一方不履行合同或者履行合同不符合约定的，应当承担违约责任。经双方协商一致可以变更或解除本合同。

2. 如遇甲方或乙方公司名称变更，由变更后公司继续承担本合同的权利义务。

3. 因可归责于甲方的事由，严重影响乙方行使租赁房屋使用权，自该事件发生起三十日，甲方仍无法确保排除该影响的，甲方应赔偿乙方损失，且乙方有权解除合同，同时甲方向乙方支付违约金20万（根据已用营运时间，每年递减10%）。

4.租赁期限内，如因市场原因导致乙方无法继续经营的，乙方提前三个月以书面形式通知甲方，乙方按照终止合同月份的月租向甲方赔偿，双方同意终止合同。

5.租赁期满，甲方拟继续出租时，乙方享有同等条件优先承租权。甲方如欲出租给乙方以外的第三方，甲方应于租期届满前六个月书面通知乙方，否则，乙方可以原租赁条件继续经营六个月，而不负延迟交房的责任。

6.合同期满，甲乙双方不再续约的，乙方可将货物、营运设备、乙方投资的设施（如店招牌、广告、空调、灯带、配电箱等）全部带走，但不得破坏房屋主体结构；乙方投入的装修设施（如瓷砖、墙面装修等）无偿归甲方所有。乙方将房屋以拆除设施设备后的状态交付给甲方，已改造的部分乙方不负责恢复。

7.甲、乙双方在租赁期内解除合同的，甲方均应将剩余的租金退还给乙方。

十一、免责或部分免责

1.因不可抗力或政府原因导致本合同部分条款不能履行的，双方互不承担责任。因不可抗力或政府原因导致双方无法继续履约的，合同自动终止，甲方应按实际天数收取房租，剩余房租退还乙方。

2.因不可抗力或政府原因使该房屋设施的正常运行、交通、水或电等中断或受阻影响乙方经营的，受影响期间甲方免收乙方租金。

3.租赁期内，若不可抗力或政府原因造成租赁房屋的使用性能（包含但不限于房屋的完整性、便利性、水电的设置）受到破坏，导致乙方无法正常营运的，甲方应恢复房屋的使用性能，费用由甲方承担。乙方按修复后的房屋面积以原单价缴纳房租。

十二、争端解决

本合同履行中如发生争议，双方应协商解决。协商不成，可申请仲裁或调解，也可提起诉讼，败诉一方承担一切诉讼费用。除非双方同意，否则，争端解决期间本合同任何条款正常履行。

十三、附则

1. 本合同自各方签署之日起成立。

2. 租赁期间，甲方欲出售该租赁房屋所有权的，应提前告知乙方，且把该物业出租情况向购买方说明，并保证本合同在有效期内继续有效，否则，由此给乙方造成的任何损失，甲方将予以赔偿。

3. 租赁期间，甲方有义务协助乙方协调与物业公司、周围业户及水、电、工商、税务、卫生、城管等政府管理部门的关系，为乙方经营提供便利。

4. 本合同附件为本合同不可分割的一部分。本合同连同附件共_____页，一式肆份。甲乙双方各执两份，各份均具有同等法律效力。

双方盖章签字，合同生效。

附件3：

特许加盟规范标准

一、加盟店位置约定

1. 有红绿灯的三角窗位置。

2. 有车站或顾客容易聚留位置的地方。

3. 在居民住宅区设立店铺时，要设在主入口的右侧位置。

二、必须具备的条件

1. 自己拥有符合开设超市的门店，享有三年以上的使用权。

2. 拥有开店必需的资金约　　　　　　　　万左右。

3. 对于投资开店存在的经营风险有清醒的认识。

4. 有真诚的合作态度，愿意按规范要求经营管理门店。

三、加盟程序

阶段一：初次接触洽谈

在了解品牌超市加盟相关条件后，如果有兴趣了解更详细的加盟资料，可以填写加盟申请表，公司将立刻安排专业加盟推广经理人对接联系。

阶段二：加盟店商圈评估

特许加盟的申请者，必须自备店面。加盟推广经理人在收到加盟申请表后，会安排店铺开发人员至该店进行商圈评估，评估的内容包括商圈特性、租金行情、行人／机车／汽车的流量测量及营运额预估等；也会将这些评估的结果向申请人说明，让申请人了解看法及决定。而申请人可就这些合理的数据作为参考，再决定下一阶段的进行。

阶段三：加盟管理规章说明

这个阶段的内容是要彼此之间更加了解与信任。公司加盟推广经理人会逐条向申请人说明加盟契约及管理规章，让申请人在进入之前能清楚彼此间的权利义务。如果申请人在阅读条文上有任何疑问，也可以在当时向公司的加盟推广经理人提出，要求予以解答。

阶段四：主管面谈

在申请人明白公司的加盟系统及彼此间的权利义务后，公司即进行相关领导的面谈，让申请人更谨慎评估申请人的选择，也让这些未来在申请人门店运作上有更大帮助的人认识申请人。

阶段五：签订加盟合同书

在申请人通过以上阶段的轮审后，必须签订加盟合同书，并且缴交叁万元人民币加盟费。

阶段六：教育训练

进行为期一个月的加盟店人员教育训练。按照门店现场训练及课堂训练交互进行的方式进行。

阶段七：付诸执行

履行加盟合同中的权利与义务，加盟店向预定目标推进。

投资加盟申请表（一）

编号：　　　　　　　　申请时间：＿＿＿年＿＿＿月＿＿＿日

个人基本数据				
申请人：	性别：□男　□女		出生日期：　年　　月	
籍贯：	婚姻：□是　□否		身份证号码：	
门店名称：				注册资金：
门店地址：				负责人：
固定电话：		手机：		传真：
现居住地址：			E-mail：	
教育背景 （请从最高学历开始填写）				
毕业院校	在校时间		专业	取得证书

加盟主从商经历		
便利超市的经营历程：		
1.时间： 销售额： 万/年		
2.时间： 销售额： 万/年		
3.时间： 销售额： 万/月		
区域商圈商业发展特点		
商圈类型：口社区型口干道型口办公型 口文教型口其他注明		
商圈居民：口消费能力口消费习性 口购物习惯		
商圈内竞争情况：店名： 预计销售额：		
店名： 预计销售额：店名： 预计销售额：		
投资加盟意图		
遇到问题：		
加盟期望：		
投资加盟计划		
拟加盟区域和店数：		
拟加盟时间：	法定代表人：	
自有单店情况：营运面积：雇员数：车辆情况：房产情况： □产权 □租用		
拟投入资金数量：万	投资方式： 独资□ 合伙□	
资金来源：	注册地：	心理回报期限： 月

投资加盟深度调查（二）

为更详细地了解您对本公司连锁加盟业务的理解情况，请您认真回答以下问题，方便我们全面了解您的加盟意向，双方建立稳定长期的合作关系。

1.您加盟我方连锁超市的愿景（或发展方向）是什么？

_____

_____

2.之前的从商经历对您投资加盟连锁超市有什么影响和帮助？

_____

_____

3. 您觉得在加入到我连锁超市体系中有哪些优势，资金、管理经验或其他方面的优势？

_____

_____

4. 作为加盟主您对我方连锁超市有什么样的期望，希望我方提供什么样的支持？

_____

_____

5. 您加入到我方连锁超市体系后，具体的发展计划是什么？

_____

_____

_____

您的签名：

（注：您的签名意味着您对表格所填内容真实性的确认）

填表日期：年   月   日

附件4：

投资加盟合同

合同各方

授权方：　　　　　　　　　　（以下简称"甲方"）

法定授权人：

法定地址：_____市_____路_____邮编：_____

被授权方：_____（以下简称"乙方"）

法定代表人：_____

法定地址：_____

甲乙双方本着平等、互惠互利的原则，经协商，就乙方为其在_____

市___路___号使用甲方×××品牌经营超市一事，达成如下协议：

一、A加盟店

指已在经营的既有门店或新开门店。

二、合同期限

本合同加盟期限为_____年___月_____日至___年___月___日止。

三、加盟条件与要求

1.加盟者必须是具有一定经济实力的合法公民；

2.具有独立承担民事能力的自然人；

3.有足够的加盟资金及前期经营资金；

4.有风险意识；

5.有经营耐力并能吃苦耐劳；

6.有一定的管理经验，并有意愿学习；

7.能维护甲方的名誉和形象；

8. 有服从和接受甲方经营体系的管理意愿和决心；

9. 有良好的沟通协调能力；

10. 能提供符合商品经营设备与环境搭建能力。

四、加盟范围

1. 甲方授权乙方使用加盟品牌经营超市，加盟甲方连锁管理体系中，遵守甲方总部各项管理制度、办法、流程等，需要乙方执行各事项等，接受甲方的监管并按照甲方要求完成相关配合事项。

2. 乙方保证在签订本合同7日内向甲方支付加盟费人民币_____万元/店。

3. 物流配送按配供商品的供应价格向乙方收取物流配送费（市内收取费率为2.5%，市外3.5%），商品配送到门店。

五、使用与管理

1. 乙方在合同期内必须执行甲方规定的四个统一：

（1）统一市场零售价格，不得私自涨价、降价；

（2）统一门店员工培训与形象管理；

（3）统一门店形象管理标准（包括软和硬形象）；

（4）统一货源调配，约定物流配送商品，必须通过公司物流配送。

2. 乙方必须每月向公司相关部门提供正确的所需报表及资料，并按照财务要求执行门店帐务处理与现金流转管理。

3. 乙方应在合同规定地点进行特许经营，乙方如确需扩大加盟店面，应征得甲方同意，另行签定合同。乙方不得将加盟经营权私自转让。

六、营运场地、店面装饰与配置

1. 加盟店须为乙方持有或租赁，剩余租赁期限至少3年以上。

2. 为维护公司品牌形象的统一性，加盟店由甲方进行设计，乙方委托甲方装修或自行装修，乙方应按工程预算支付装修工程款并协助办理在当地施工的相关手续。

3. 加盟店内的营运所需（包括：设备、陈列道具、招牌等）由总部统一进行设计制作。对于营运必需的包装材料、促销礼品、购物袋及其他附属材料、消耗品，加盟店需使用总部配备的产品。

上述所涉及的费用由乙方承担。

七、商品管理

1. 乙方向甲方订货，在约定的时间内，甲方物流配送人员将商品配送到乙方门店。

2. 甲方给乙方配送商品要符合国家法律法规要求，符合质量标准。因质量问题或不合法性的商品，甲方要退换商品。

3. 甲方向乙方提供所需产品，在保质期内产品变质、变味或有关部门抽检不符合质量标准的由甲方包退包换。

4. 乙方保管不善（如曝晒、高温、接触生水、二次污染）而引起的产品质量问题责任自负。

八、促销与广告

1. 甲方在授权期内，向乙方提供档期活动和促销信息，按照配置 DM 彩页和广告制作物。甲方对于促销活动所涉产品在供货价基础上按照促销折让的比例给予优惠。

2. 乙方单独进行单店促销时，应事先告知甲方，取得甲方同意后方可进行。相关广告形象设计须经过甲方审核或由甲方提供。费用乙方承担。

九、培训与指导

1. 为使加盟店能良好经营，在开业前、既有门店加盟前及本合同执行期间，甲方应向加盟店传授必要的知识和经营技术。

2. 乙方在加盟店开业前应派遣店主或两名可以代行承担的员工，参加甲方规定的教育训练课程，获得经营公司店铺必要的知识和技术。

3. 加盟后，如甲方有教育训练要求，乙方也必须按要求派人员再次参加教育训练，获得必需的知识和技术。

4. 乙方承担前来培训人员的相关费用。

5. 乙方在加盟后一月之内，作为店铺营运入轨期，甲方应向乙方派遣人员进行经营、管理、接轨、运作方面的指导。

6. 乙方必须参加甲方组织正常经营会议及临时会议，并按照会议指示与要求内容在规定期间内完成各项工作。

十、门店人员管理

1. 乙方店面营运员必须取得甲方认可的岗前专业培训结业证后分配上岗，培训费自理。

2. 乙方加盟店员工自行招聘、自主管理、自行承担员工所发生一切费用。

十一、财务制度

1. 乙方应按照甲方规定，统一方式记帐，填写报表，定期报告经营状况和财务状况。定期盘点，并将盘点表在盘点后立即寄往甲方。甲方向乙方提供所供货款的凭据。

2. 商品是甲方提供的，加盟主无须拿钱来买商品，而门店营运的收入扣除必要周转金外，加盟主必须每天汇回公司，而公司则用于支付货款及加盟主返还，每月支付一次。

十二、商标、服务标志及相关权利

1. 本合同所涉及的所有商标、服务标志及其相关权利的所有权均归属于甲方。

2. 甲方承诺在本合同执行期间，乙方加盟店可以使用甲方商标、服务标志、记号、样式、标签和招牌。

3. 乙方不得在加盟店以外使用甲方的所有商标和服务标志。

4. 乙方应在经营中向顾客提供良好的服务，维护甲方品牌的声誉、信誉和良好形象。

5. 乙方未经甲方许可，不得将甲方授予的经销权以各种形式转让给任何第三方。合同到期或提前终止后，乙方不得以任何借口继续使用×××品牌，或以×××品牌经销商的名义从事任何商业活动。

十三、服务质量控制

1. 为维护乙方售出商品品种和服务的一致性，提高公司形象，乙方加盟店的运营方法必须遵守甲方提供的经营手册规定的要求和标准执行。

2. 凡甲方有新产品推出，乙方必须按照最低配货量或以上的数量购入，并将新产品在规划的位置及时上架销售。

3. 甲方定期和不定期地以书面或其他方式对加盟店进行进货管理、销售管理、商品管理、商品知识、卫生管理、员工管理、会计处理、店铺经营管理、店铺陈设等各方面的指导，提供有关信息，帮助加盟店实施标准化管理。

4. 随着甲方加盟店数量的不断增加，甲方将对全体加盟店进行信息化管理。如该项管理实施时本合同仍在有效期内，乙方须遵照甲方的管理规定执行，不得以任何理由拒绝执行。

十四、有关的工商、税务登记

乙方须在当地自行办理工商、税务、卫生等企业登记事务。加盟期间的各项应缴税款及有关费用均由乙方自行承担。

十五、保密

1. 除法律规定必须公开的以外，甲方不得向第三者展示乙方递交的营运报告书及其他有关资料和有损于乙方利益的情报。乙方不得向第三者泄漏甲方按本合同规定提供给乙方的经营技术秘密及有损甲方利益的情报。乙方有责任保证其员工不向第三者泄漏前项秘密。

2. 以上规定双方的保密义务在本合同期满后仍然有效。

3. 甲方按本合同规定提供给乙方的加盟店经营手册以及其他文件归甲方所有，乙方应妥善保管，合同终止时，乙方应即刻归还甲方。

十六、加盟店的让渡与承继

1. 如乙方希望出让加盟店或出租店铺时，应首先通知甲方，甲方有优先承让和承租的权利。

2. 遇上述情况，双方可以通过协商，确定加盟店让渡价格和租赁金。协商意向不能成立时，双方均可申请具有法律效力的认证或评估，所需费用由乙方承担。

十七、合同的终止

1. 合同期满前 3 个月，经双方协商，可以更新合同。

2. 前款的合同更新，应在本合同期满之前一个月完成。以双方签订新的特许连锁合同书为合作文本。

3. 如本合同期满后双方无意继续合作，乙方应在本合同终止时承担下列义务：

（1）支付所有应付给甲方的费用；

（2）归还所有甲方操作手册、机密文件和专利资料；

（3）向甲方移交"_____"会员登记名册；

（4）归还、转卖或销毁所有带有加盟品牌商业标志的招牌和材料；

（5）取消以加盟品牌名义登记的商业注册和名称登记；

（6）在原加盟店经营场所内外的房屋、设备、陈设等处，消除任何与加盟品牌有联系的迹象；

（7）因加盟店的经营而损害了第三者利益时，由乙方承担赔偿损失的责任。

4. 甲方因加盟店的行为而被索赔责任时，可要求乙方负担被追索的赔偿金。

十八、违约责任

1. 任何一方不履行或不完全履行本合同条款中规定的义务，即构成违约，违约的一方承担违约责任。

2. 双方约定，违约的金额为在此前乙方经销甲方提供的产品零售价总额的 10%。如违约给对方造成损失，并损失超过违约金总额，违约方还应负责对超额部分的赔偿责任。违约一方经对方书面提出改正意见后 30 天内仍未改正，另一方有权终止合同，并有权要求对方赔偿损失。

十九、合同纠纷的解决

本合同在执行过程中产生的任何争议，双方首先应友好协商，协商不成的，双方均有权向当地仲裁委员会提起仲裁。

二十、其他

1. 本合同自双方签字盖章之日起生效。

2. 本合同正本一式贰份，双方各持壹份，每份具有同等法律效力。

以下无正文

甲方：   乙方：

地址：   地址：

委托代表（签字）：   委托代表（签字）：

年   月   日   年   月   日

附件5：

拓展加盟人员年度激励办法

一、目的

鼓励拓展加盟人员兼顾店质与店量，全力达成公司发展目标，确保开店效益。

鼓励多开店，开好店，提升拓展能力，巩固发展队伍，提升公司展店能力。

二、定义

1.考察期：新店开业后的三个月。例如：门店3月份开业，则考察期为4、5、6月份。

2.考核利润：新开门店考察期内，根据公司设定的标准利润率、费用（率）、其他业务收入率等，以及门店实际平均月销售额、门店实际租金计算出来的门店月净利润。

3.目标店指标评价分类（主要采取利润指标）

A类店：店址预估盈利，考察期内的考核利润为正，并好于预估净利；

B类店：店址预估亏损，考察期内考核利润为负，但好于预估净利；

C类店：店址预估亏损，考察期内考核利润为负，但低于预估净利；

三、政策规范

（一）开店奖

发展部门年初根据公司年度展店计划，为每位推展人员设定基本有效店数（X）。达到基本有效店数后的新开店，经过考察，达到A类店标准的可获得开店奖。

1.目标达成奖

完成年度目标店数，获得定额奖金（可根据企业实际设计额度），完不

145

成目标的，没有目标达成奖。

2. 开店贡献奖

拓展人员	A类店数	B类店数	C类店数	备注
店数	店数A	店数B	店数C	
奖金基数	基数A	基数B	基数C	可定额可变额
权数（%）	权数A	权数B	权数C（为负值）	
奖金额	A类店奖金=店数A x 基数A x 权数A	B类店奖金=店数B x 基数B x 权数B	C类店奖金=店数C x 基数C x 权数C	
奖金合计	A类店奖金+ B类店奖金+ C类店奖金			

3. 开店奖金 = 目标达成奖金 + 开店贡献奖金

4. 举例

目标达成奖金：假如拓展人员目标店数 8 家，已达成目标店数，目标达成奖金为 30000 元。

开店贡献奖金：

拓展人员	A类店数	B类店数	C类店数	备注
店数	4	3	1	
奖金基数	10000	10000	10000	
权数（%）	100	10	–100	
奖金额	40000	3000	–10000	
奖金合计	40000+ 3000–10000=33000元			

拓展人员总奖金 = 目标达成奖金 30000 元 + 开业贡献奖金 33000 元 =63000 元

（二）报点奖

1. 报点且成功设立新店的，公司给予报点人报点奖金 1000 元。

2. 报点需具备的条件：

（1）在公司计划展店的范围内；

（2）所报点不在发展现有预定点库内；

（3）需同时告知所报点的房屋地址、房东资料、房东联络方式。

四、注意事项

1. 奖金为激励部分，但不为拓展人员的固定收入，按照贡献度大小发放奖励。

2. 如果奖金合计为负值，原则上要从拓展人员基本工资中追回。对不胜任的拓展人员要根据考核管理制度，进行岗位调整、甚至劝退处理。

3. 奖金申请中，填写新开店奖金申请表，信息真实，符合申请标准和流程，上报申请，同薪资一起发放。

报点单（一）

序号	项目	内容	备注
1	预定点需符合的基本要件	在公司计划展店的范围内；	
		不在发展现有预定点库内；	
		需同时告知所报点的位置、房东资料、房东联络方式。	
2	回报预定点基本资料	地点：	
		房东资料：	
		姓名：	
		联系电话：	
		报点人基本资料：	
		单位：	
		姓名：	
		联系电话：	
3	拓展单位查核	是否在店库内 □是□否	
		是否符合报点要件 □是□否	
签核	报点人：	查核人：　　　　　　　　上级主管：	

报点奖金申请表（二）

门店		店号	
开业日期			
报点奖金		申请人员	
签核	报点人：	查核人：	相关上级主管：

备注：申请时须附经过审核确认的报点单原件。

开店奖金申请表（三）

拓展人员	A类店数	B类店数	C类店数	备注
店数				
奖金基数				
权数（％）				
奖金额				
奖金合计				
签核	申请人： 相关功能主管：	查核人：	相关上级主管： 最终决策主管：	

备注：配合财务规定进行奖金申请。

附件6:

门店工作日志

一、本月重大工作记事

期　间	事　件	期　间	事　件

注：请店长随时检查本月工作重大事件，以提醒门店同仁注意。

若表格不够，可另加附页。

二、本月门店目标登记

本月目标		上月实际	
项目	数据	项目	数据
销售额		销售额	
毛利额		毛利额	
费用		费用	
人事费用		人事费用	
租金		租金	
水电费		水电费	
修理费		修理费	
商品损耗		商品损耗	
包装费		包装费	
生鲜报废		生鲜报废	
办公用品		办公用品	
物业费		物业费	
邮电费		邮电费	
其他费用		其他费用	
费用合计		费用合计	
其他业务收入		其他业务收入	
本月利润		本月利润	

三、门店办公用品控管表

品名	数量	单价	总金额	日期	采购人员签名
本月费用合计：				上月费用合计：	
店长签名：		上级主管签名：		备注：	

四、门店各项检查工作说明

（一）日志内各相关工作、检查项目如下

1. 机器温度检查项目、标准（每4个小时）：温度异常请叫修，并填写叫修记录追踪

项目	温度正常范围值	温度异常门店处理步骤
冷藏柜	0—10℃之间	门店检查机器温度时，如发现温度不正常，请每隔30分钟检查1次，连续检查2次，如温度还是不在正常范围值内，请立即叫修。
冷冻柜	零下18℃以下	
冷冻冰箱	零下18℃以下	

进行密闭式机器温度测量时，要注意期间是否已开启多次。

2. 生鲜蔬果类报废标准

类别	报废标准
蔬果类	腐烂、萎蔫、水伤、变软、变色、机械外伤及其影响门店品质形象时，做出清报废处理
生鲜畜禽类	变色、变味、变质、无光泽、发粘
禽蛋类	表面有污物、有霉斑、裂纹、硌窝、破碎、表面凹凸不平、摇晃有声音

门店检核商品时，发现商品发生上列异常情形时，请参照相关营运通报予以处理。

3.门店定量包装商品检查

检查项目	检查内容
生产日期	临期商品、超保质期
品质	胀袋和胀罐、商品明显变质、内部异物
包装	包装袋破损、标示不规范或不准确、包装退色
材料	不合格的原材料及配料

门店依职责做好商品检查。

商品检查异常按照相关流程处理。

4.门店招牌灯开关检查（早晚各一次）：

	3—5月	6—8月	9-10月	11—2月
招牌灯开启时间				
招牌灯关闭时间				

门店店长根据天气变化提醒同仁适时开启招牌灯。

如于上述时间未开启或关闭招牌灯即需叫修。

5.消费者反映事项要如实记录，并即速处理，请参考投诉处理流程，如属严重事由（商品品质异常等），应立即告诉后勤单位处理。

6.店长每天上班后，请审核前一日的工作日志，并签名确认。

（二）门店人员仪容仪表检核（每人上班须检查）

项目	男员工	女员工
穿着工装	1.员工进入卖场按规定着装； 2.员工须爱惜工装，及时清洗，保持整洁； 3.雇佣期结束后，制服及其附属物品必须交还相关部门； 4.员工穿着工装时需依公司规定。	1.员工进入卖场按规定着装； 2.员工须爱惜工装，及时清洗，保持整洁； 3.雇佣期结束后，制服及其附属物必须交还相关部门； 4.员工穿着工装时需依公司规定。
鞋子	员工穿着依公司规定的鞋子，鞋面要保持清洁。禁忌穿拖鞋、凉鞋。	员工穿着依公司规定的鞋子，鞋面要保持清洁。禁忌穿拖鞋、凉鞋。女员工鞋跟不能超过3厘米。

（续表）

项目	男员工	女员工
发型	男员工发型前不遮眉，后不压领，两鬓不盖耳，不准留胡须。	女员工发型要梳理整洁，不准披肩散发，头发以不超过肩部为适度，长发应束发，头发不准染成怪异颜色，以自然、舒适、得体为准。
脸部	男员工脸部清洁，不许留胡须。	女员工脸部清洁，淡妆，以舒适、美观、得体为准。
手	门店员工手要清洁，指甲要及时修理并保持整洁，禁止留长指甲，禁止涂指甲油。	门店员工手要清洁，指甲要及时修理并保持整洁，禁止留长指甲，禁止涂指甲油。
饰品	食品部门禁止佩带任何装饰品；非食品部门可以佩带项链。	食品部门禁止佩带任何装饰品；非食品部门可以佩带项链。
工牌	员工进入门店卖场必须佩带工牌，工牌要端正、醒目地佩带在左胸前。	员工进入门店卖场必须佩带工牌，工牌要端正、醒目地佩带在左胸前

门店员工进入卖场前须先检查仪容仪表，并将个人携带之物品放在更衣柜或指定处，店长复查。

五、经营设备清洁保养与空间管理周检查表

（一）说明

1.请店经理于每月最后日排定下月各种设备清洁负责人。

2.各工作负责人于工作完成后务必于表上签上代号以示负责。

3.店经理请检核是否完成并签名确认。

（二）各项保养及维护工作进行

每周机器清洁保养工作分配（请店经理指定负责人，并于执行清洗后签名）

设备名称	清洁保养项目	第一周	第二周	第三周	第四周	第五周
冷藏柜	冰箱内结霜清洁					
	出风口、沟槽及橡胶压条清洁					
冷冻柜	冰箱底板清洁					
	散热滤网清洁					
	出风口、吸风口清洁					

（续表）

设备名称	清洁保养项目	第一周	第二周	第三周	第四周	第五周
冰箱	冰箱底板清洁					
	门框上下铝条清洁					
	门斗四边白色压条清洁					
陈列道具商品	陈列道具保持清洁					
	商品保持清洁					
	道具和商品正确陈列					
平面管理	按照平面图陈列					
	保持陈列尺寸标准					
	保持畅通的通道					
空间管理	货架商品保持合适高度					
	档期制作物悬挂符合标准					
	卖场不摆放跟经营无关物品					

六、门店紧急事项联络机制

单位	联系人	联系电话	关键事项	应对标准
财务				
人事				
工程叫修				
综合管理				
采购				
物流				
其他				

七、门店会议记录（每月至少举行一次）

召开时间	年　　月　　日　　时　　时
参会人员签名	
会议内容	1Ａ绩效报告与业务报告 2Ａ教育训练时间

（续表）

门店紧急、危机事件处理宣导
□停电处理：确认停电原因→开关处理→冰箱门封起保温或商品调拨寄放 →收银动作处理→保险备案处理
□停水处理：确认停水原因→关闭各种用水设备→如故障请叫修
□火灾处理：灭火器使用→打"119"通知消防队→镇定有秩序的疏散消费者→尽量关闭电源总开关【以人员安全为首要原则】→保险备案处理
□水灾处理：尽量抢救贵重商品【以人员安全为首要原则】→镇定有秩序地疏散消费者→尽量关闭电源总开关【以人员安全为首要原则】→保险备案处理
□防抢、遭抢处理：保持警觉性，冷静面对、注意自身安全→服从抢犯命令→记住抢犯特征→报警处理→状况汇报营运→保险备案处理
□品保演习处理：全面检查商品品质→注意卖场情形→柜台结账时再复检→严重事件向上级请求协助处理
会议记录：

上级主管签名	店长签名	备注
		1. 保留时间半年 2. 门店人员务必全员参加

门店工作日志（日操作表格）

_____月_____日　星期_____天气_____

一、门店开封场检查

开场	备注	封场	备注
□门窗 □外接墙壁		□门窗 □外接墙壁	
□冰柜 □电源		□设防 □落锁	
□柜台 □微机		□冰柜 □电源	
□可燃气体及设备完好		□柜台 □微机	
□其他检查事项		□可燃气体及设备完好	
□设防 □落锁		□其他检查事项	
值班店长签名： 开场人员签名：		值班店长签名： 封场人员签名：	

二、门店工作分配表

早班		晚班	
当班确认	晚班复检	当班确认	早班复检
1. 制服清洁、佩带工牌 2. 签到、各项通知翻阅 3. 接班 4. 上一班签退/交班/留言 5. 商品丰满 6. 卫生清洁到位			
招牌灯开启	POP张贴、检视	招牌灯正常关闭	整理仓库办公区	解冻商品检查
卖场灯管	消防设备完好	负责区域卫生		

三、温度检查【每班次检查二次，每4小时一次】

区域/机器	冰箱区				
班次(负责人签名)	冷藏	冷冻	冰箱	其他	
早班(　　　)					
晚班(　　　)					

温度检查【每班次检查二次，每4小时一次：门店冰箱为密闭式冰箱者，请实测温度填入】

【如冰箱台数多于实际台数，请自行填入后方空格内，表格不够，请另附页登记】

区域/机器	第1台开放冰箱	第2台开放冰箱	第3台开放冰箱	
班次(负责人签名)				
早班(　　　)				
晚班(　　　)				

四、生鲜蔬果检查【每2小时检查一次，正常打"√"，异常时门店即速处理】

检查项目		时间段					
		9–11	11–13	13–15	15–17	17–19	19–21
生肉	品质						
	整洁						
蔬菜	品质						
	整洁						
水果	品质						
	整洁						
熟食	品质						
	整洁						

五、店长例行检查工作

店长每日上班主要检查项目【检查完成后,请于□内打√】	店长审核
□审核签到表　□审核工作日志□审核门店商店形象□POS情报分析 □审核商品订货　□审核门店各项报表□清点备用金	
□验收机验收并上传验收资料完成 □发票、卡、代收纸券查核：1.库存量足够　2.需使用当期发票/代收纸券	

店长、收银员、理货员交办及交班事项：

早班	晚班
店长交办及当班交班事项 （含同报、公司传达事项、品质异常、特殊事件、商圈活动、顾客遗失物件、存包丢失等）	
收银员当班交班事项 （店长传达事项、顾客服务、收银事件、倡导事件等）	
理货员当班交班事项 （店长传达事项、顾客服务、理货事件、传导事件等）	
交接1	
交接2	
交接3	
交接4	

备注：顾客申诉品质异常反应流程处理。

如有消费者在门店遗失物品，请门店登记并于当班交班事项栏中列为交班物品。务必保管好，待消费者来认领。

六、叫修登记

时间	叫修人	接听人	设备名称	设备编号	设备状况	完成时间	签收人

七、门店缺货登记本

顾客姓名	联系电话	商品名称	规格	数量	备注

门店如实登记缺货商品，即速处理，感谢顾客，并告诉顾客大约时间，如果无法在顾客约定的期限内取得商品，要主动电话告知并表示歉意。

附件7：

门店形象评鉴表

（　　　　年版）

区域	门店形象 评分项目	区域	门店形象 评分项目
门店外围	招牌清洁完整、无破损锈蚀	蔬果陈列区	人员符合仪容仪表规定
	招牌灯管损失支数为零、招牌灯适时开启		满足新鲜度且满足陈列要求
	外墙清洁无杂物、玻璃清洁透亮、无破损		蔬果依层面摆放，无杂乱堆放、整齐陈列
	门店外面负责区域内地面清洁、无杂物		蔬果表面清洁干净、无腐烂、破损
	橱窗POP张贴正确无破损、位置规范		价签与蔬果品种相符，并清洁无破损
	门帘、门窗无污迹、尘土和水流印		包装蔬果价签正确并依规定正确张贴
	垃圾桶遮盖、桶面干净，桶内垃圾不溢出		包装或捆扎蔬果品质符合标准
	门店购物车、购物篮及商品及时回拢		包装或捆扎蔬果内部无异物
	雨雪天气及时清洗通道		蔬果计量单位正确无误，与系统一致
顾客服务	人员仪容仪表符合规定		蔬菜无落叶、无腐蚀、相对干净
	人员面对进门顾客呼喊主题式话语		散装水果依商品特性整齐陈列、无损坏
	主动为顾客正确包装商品		设备、器具清洁干净，无破损、无锈蚀
	正确找零动作(将零钱、小票正面给顾客)		陈列区域地面清洁、无杂物、无污水
	结账时主动感谢顾客、服务态度亲切自然	熟食区	人员符合仪容仪表规定
	正确填写发票、各类支付工具操作正确		POP悬挂张贴正确、书写工整、无污迹
	服务时态度诚恳、和蔼友善		使用器械清洁，无杂物、污垢、污水手印
	同事之间礼貌为先、友好相处		包装食品价签醒目，易辨识

（续表）

区域	门店形象 评分项目	区域	门店形象 评分项目
收银区	商品不缺货	档案	基本管理
	商品正确陈列并与价签对位		门店工作日志（至少6个月）
	设备、陈列道具清洁无杂物，无损坏		商店形象评鉴表门店留存归档3个月
	柜台区下方清洁、商品整齐，无个人物品		门店其他资料按照规范管理存档
卖场区	卖场灯管正常开启、无损坏	消防设施	消防器材符合国家消防规定、压力正常且未过期
	仓库门清洁并依据门店各自情况选择关闭		紧急照明灯能正常开启
	卖场区员工不扎堆谈与工作无关事情		紧急出口告示灯正常未损坏
	机器下方、货架下缘、墙角及地面清洁		消防通道保持畅通，消防设施清洁
	商品都有价签并正确，且与商品相符		不准私接电源、更换用电配件
	商品不缺货，主动排除滞销品	库区	仓库商品分类码放、整齐
	商品正确陈列且整齐归位		商品贴有到期日期、保质日期
	POP张贴或悬挂位置正确、未过期，自制POP手写工整		仓库地面清洁、无杂物、无污水
	货区通道畅通、无堆放物品		天花板、墙面无尘土，无蜘蛛网
	墙壁、天花板、地面清洁，无积水、无杂物		地面无垃圾堆放
	陈列道具、购物篮等保持清洁		
	落地陈列商品有POP，整洁，陈列符合标准		
	卖场不准放扫把、拖把、水桶等清洁工具		
基本管理	门店依规定汇款、营运金留存符合标准	后场办公区	店长桌、文件柜、POS设备清洁
	收银机里无100元大钞且未过限额		物品陈列整齐清洁，地面、墙面清洁
	确实以排班表签到、退或打卡		厕所清洁、无异味，垃圾未满溢、未摆放商品
	促销、重点商品目标均有设定		员工更衣室、更衣柜、就餐处保持整洁
	门店会议召开及记录		信息布告栏按照规划有效利用
	门店工作日志填写状况		各办公设备、用品及配套工具摆齐且归位

（续表）

区域	门店形象 评分项目	区域	门店形象 评分项目
冰箱区	A级品不缺货、有主动排除滞销品	品保工作	无过期商品（含自做商品）
	商品正面陈列整齐、无凹罐破损		报废、退货与正常商品分离，管理良好
	冰箱各部位保持清洁，灯管无损坏		柜台、货架上没有不符合品保标准的商品
	货签相符，且清洁、无污染、无破损		机器设备及时依规定清洗
	冰箱除霜完全		品保工作日志依规定执行
生鲜区	人员符合仪容仪表的规定		
	商品分类陈列、丰满、品项符合要求且不断货		
	肉类商品无血水、发臭、腐烂现象		
	商品陈列柜、台上无杂物堆放		
	冰箱、冰柜清洁，定期除霜、内外光洁		
	机器、陈列设备清洁，无残留物、无油污、污垢		
	价签贴于包装盒右上角、价签无破损		
	POP书写规范、表面无污迹		
	销售区地面清洁、无杂物、无污水		

附件8：

门店优质服务评鉴表

（　　　年版）

区域	微笑服务评核项目
基础管理	优质服务承诺和微笑照片张贴到位
	优质服务日常管理规范
	店员着装符合公司规定的仪容仪表
卖场区	呼喊服务基本话术，声音亲切真诚
	呼喊式档期促销话术，做好宣导工作
	主动与临近顾客以舒适眼神接触、交流、面带微笑，使用礼貌话术
	主动介绍商品要实事求是，不强行推荐商品
	顾客选购商品时面带微笑并用双手交物、接物
	保证通道畅通，如给顾客带来不便时，及时提醒顾客并向顾客致以歉意
	遇到顾客要主动让行，不准聊天及做与工作无关的事情
	商品购买量大的顾客，协助顾客将商品送到收银处
	面对顾客询问均面带微笑，耐心解答，需要顾客等待时及时向顾客说明并表示歉意
	顾客手中超过三个商品又无购物车/篮时主动提供给顾客
	商品缺货时向顾客说明并表示歉意，需要时主动留下顾客电话，到货时及时通知顾客
	熟记门店各种促销、新品信息、特点并主动给顾客推荐，带动销售

（续表）

区域	微笑服务评核项目
收款台区	呼喊式迎宾语，以及其他亲切的招呼问候
	呼喊式送宾语，以及其他亲切的招呼问候
	有等待顾客时，用友好的方式引领他/她到其他收银台，无法结账时主动向顾客说明，真诚表示歉意并获得谅解
	结款排队人数3人以上，主动再开启款机，提高快速服务
收款台区	档期促销活动对顾客做好友情提示，服务态度亲切、自然、微笑，使用礼貌话术
	主动向顾客推荐款台商品，熟记各种促销、新品信息并主动给顾客推荐，带动销售
	协助顾客把选购商品放在收银台，并依次扫描商品，将已扫描商品与未扫描商品分开
	协助顾客进行所购商品的包装，并帮助顾客检查所购商品是否全部完好齐备
	如顾客继续使用购物车，帮助顾客将商品放在购物车里
	顾客未使用购物车/篮，将购物车篮放回指定位置
	主动咨询顾客交款方式，将找给顾客的零钱、购物小票、现金、卡等双手递交顾客
	用清晰、礼貌的声音告知顾客应收钱款，已收钱款及找零钱，做好唱收唱付，提醒顾客当面点清钱数，拿好购物小票及所购物品
	商品缺货时向顾客说明并表示歉意，需要时主动留下顾客电话，到货时及时通知顾客

附件9：

门店顾客投诉处理流程

一、连锁门店顾客投诉的类型

（一）对商品及附属品质投诉

1. 价格类：顾客投诉门店销售的商品比竞争者门店的同种商品价格高。

2. 品质类：顾客投诉门店所售商品品质不佳或销售的生鲜品出现品质异常。

3. 残缺类：顾客买回商品后发现零组件不齐全或发现商品有瑕疵等引起的投诉。

4. 过期类：顾客发现所购买的或放在货架上待售的商品超过有效期引起的投诉。

5. 商品标识不符类：顾客在购买或在使用商品的过程中发现商品标识不符而引起的投诉。

6. 标签类：商品的价格标签模糊不清、难以辨认、找不到价签或有数个价格标签而引起的投诉。

7. 价格不一致类：商品的标识价格与宣传单或销售发票明细的价格不一致而引起的投诉。

8. 缺货类：降价品、特价品或一般销售商品的缺货而引起的投诉。

（二）对服务的投诉

1. 服务人员服务态度不佳（讲话不礼貌、退换货不处理、没有笑容、将找零钱丢在收款台、刷卡刷不出来、顾客插队等）：顾客在接受服务或要求服务时，由于服务人员的服务态度、服务技能不佳而引起的顾客投诉。

2.食品加工、销售人员不按照卫生规定操作，操作速度太慢或称重计价发生错误而引起的投诉。

3.促销人员的过激行为或误导顾客购买的言辞等引起的投诉。

4.收银作业不当：收银员业务不熟练、速度过慢，商品登录错误造成多收货款、少找钱给顾客，不找零钱给顾客，遗漏消磁，重复多次扫描顾客的商品，或等待结款的时间过长等，引起投诉。

5.服务项目不足：顾客要求送货服务，换钱服务，多索要购物袋等其他额外服务，却得不到服务而引起的投诉。

6.服务作业不当：如门店由于看管不善造成顾客寄存物品丢失等诸类事件而引起的投诉。

7.服务内容的变更而引起的顾客投诉。

（三）购物环境的投诉

1.安全上的投诉：顾客购物时受到意外伤害、财物失窃、地面积水致使顾客或儿童发生意外，商品运输影响行人，货物堆积有不安全隐患等，引起投诉。

2.清洁卫生的投诉：门店没有及时清理地面、回收垃圾，货架、货柜、商品不清洁，门店人员及生鲜加工销售区域人员制服不整洁，地面有污水、杂物等还伴随有腥臭味，购物车、购物篮太脏，引起顾客投诉。

3.店外环境投诉：店外地面脏、玻璃不清洁、招牌不亮、厂商车辆挡住门店出入口、自行车摆放杂乱等；门店外的设备噪音过大。

4.其他环境的投诉：门店的音响声音过大，门店设备温度不正常，门店温度太冷或太热等。

二、顾客投诉的处理原则

不论是门店的第一线营运人员、管理人员，还是公司总部的客服人员，在接待顾客投诉和抱怨时，处理原则是一致的。主要目的是消除顾客的不满与抱怨，能使问题得到妥善的处理，并使顾客感觉到在处理问题的过程中受到门店的尊重。

1.倾听原则：处理顾客投诉时的首要原则，即需要门店接待人员保持耐心、平静，不打断客人陈述，仔细聆听顾客的不满和要求。

2.满意原则：处理顾客投诉时的目的原则。处理顾客投诉的最终目的不是解决问题或维护门店的利益，它的结局关系到顾客在经历这一问题的解决后是否愿意再次光临本店，这一原则和概念贯穿整个顾客投诉处理的全部过程。

3.迅速原则：迅速地解决问题。如果超出自己解决问题的范围之内需要请示上一级管理者的，也要迅速地将解决方案通知顾客，不能让顾客等待的时间太久。

4.公平原则：处理棘手的顾客投诉时，应公平谨慎处理，有理有据地说服顾客，并尽可能参照以往或同类门店处理此问题的做法进行处理。

5.感谢原则：处理结束后，一定要当面或电话感谢顾客提出的问题和给予的谅解。学会不分场合地多感谢顾客，是圆满地化解矛盾、重建信任的好开端。

6.跟踪回访原则：对于附近居民，门店人员一定登门回访，不方便登门回访的一定要电话回访，这是再次获得顾客谅解、确保顾客长久光临本店的好方法。

三、服务态度

门店人员处理顾客抱怨，表现之态度应诚恳有礼貌，千万不能表现出无所谓的态度，以免引起顾客不满！

四、顾客投诉处理流程

（一）顾客当面投诉的基本方法和技巧

先决条件：把顾客带到专门的顾客接待室或其他安静区域进行处理。

1.聆听顾客

积极主动地处理问题的态度。

保持面带微笑。

保持平静的心情和适合的语速音调，神态语言恰当。

认真听取顾客投诉，不遗漏细节，确认问题所在。

让顾客先发泄情绪。

不打断顾客的陈述，并在顾客陈述过程中，与顾客保持适当交流、对接。

2.表示理解（不要强辩）

善用自己的语言和态度去劝慰对方，稳定顾客的激动情绪。

站在顾客的立场为其设想。

对顾客的行为表示理解。

主动做好投诉细节的记录。

3.询问顾客

重复顾客所说的重点，确认是否正确理解了顾客的意思和目的。

了解投诉的重点所在，分析投诉事件的严重性。

告诉顾客我们已经了解到问题所在，并确认问题是可以解决的。

4.解决方案

不受顾客的影响，就事论事，耐心地解释，援引门店的规定和国家的法律法规进行处理。

圆满的解决方式是要使顾客感觉到公平合理。

超出处理者权限范围的，要向顾客说明，并迅速请示上一级管理者。

对于确实属于门店员工工作失误的，要迅速与相关的管理者一同处理投诉。

暂时无法处理的，可将事情详细记录，留下顾客的联系电话、住址，并承诺尽快答复。

5.达成协议

同顾客确认已经提出的解决方案。

表示我们已经尽最大的努力解决问题。

迅速执行顾客同意的解决方案。

6. 感恩顾客

感恩顾客对门店工作提出的不足。

表示今后工作中加强改进。

对由于门店失误而造成的不便向顾客道歉。

7. 回访

对于已解决的顾客投诉，在两天内做电话回访。

对于已解决但顾客不满意的投诉处理结果，由店长协同相关人员登门或电话回访，用真诚获得顾客的谅解。

对于还未解决的顾客投诉问题，需要门店相关处理人员及时向顾客说明问题解决的进展情况，进而获得顾客的理解。

（二）电话投诉的基本方法和技巧

1. 聆听顾客

积极主动的处理问题的态度。

保持平静的心情和适合的语速音调。

准备好记录本和笔，认真听取顾客电话投诉，不遗漏细节，确认问题所在。

让顾客先发泄情绪。

不打断顾客的陈述。

2. 表示同情

善用自己的真诚语言去劝慰对方，稳定顾客较激动的情绪。

站在顾客的立场为对方设想。

对顾客的行为表示理解。

3. 询问顾客

重复顾客所说的重点，确认是否是顾客的意思和目的。

了解投诉的重点所在，分析投诉事件的严重性。

告诉顾客我们已经了解到问题所在，并确认问题是可以解决的，留下顾客联系电话。

暂时无法处理的，可将事情详细记录，留下顾客的联系电话、住址，并承诺尽快答复。

4. 解决方案

不受顾客的影响，就事议事，援引门店的规定和国家的法律法规进行处理。

确定公平合理的解决方案。

超出处理者权限范围的，迅速请示上一级主管。

5. 回复、感谢顾客

同顾客商量已经提出的解决方案。

感谢顾客对门店工作提出的不足。

表示今后一定改进工作。

对由于门店失误而造成顾客的不便予以道歉。

顾客投诉记录表

门店：　　　　　　　　　　编号：

顾客姓名		受理日期	年月日
地址		发生日期	年月日
联系电话		最后联系	年月日
投诉项目		结束日期	年月日
发生地点		投诉方式	
投诉内容			

处理原则	
处理经过	
处理结果	

接待人		店经理	区经理	意见备注

此表格处理完三日内上缴到总部客诉管理单位

附件10：

商品采购合同

甲方（供应商）：＿＿＿＿＿＿＿＿＿＿＿＿＿＿

单位全称 ＿＿＿＿＿＿＿＿＿＿＿＿＿＿＿

地址：＿＿＿＿＿＿＿＿＿＿＿＿＿＿＿

邮编：＿＿＿＿＿＿＿＿＿＿＿＿＿＿＿

法定代表人：＿＿＿＿＿＿ 电话：＿＿＿＿＿＿

联系人：＿＿＿＿＿＿ 电话：＿＿＿＿＿＿

乙方公司全称：

地址：

邮编：

法定代表人：电话：＿＿＿＿＿＿

联系人：电话：＿＿＿＿＿＿

根据《中华人民共和国合同法》及其他有关法律、法规的规定，甲、乙双方经友好协商，在平等、自愿、公平、诚信、守法的原则下签订本合同，以资共同遵守。

一、主体资格

甲、乙双方在本合同签订时，应当提供营业执照、税务登记证等自身主体资格的证明文本。

二、商品质量

1. 甲方供应的商品质量应当符合中华人民共和国相关法律法规规定的质量标准。

2. 甲方所提供商品的质量应当符合本合同或订单约定的质量标准；质量

要求不明确的，执行国家标准、行业标准；无国家标准、行业标准的，执行通常标准或者符合合同目的的特定标准。

3.商品若以甲方在订货前所事先提供的样品或双方在订货前约定质量、品种及规格的，则必须与样品或约定的相符。

4.甲方所提供的商品保质期一般不得少于商品明示保质期。

5.商品出现质量问题的，甲方应给予退货，因此而产生的损失由甲方全部承担，由乙方自身过错造成的除外。

6.因商品的售后服务所产生的费用，乙方先行垫付的，经甲方确认后，方可在甲方货款中直接抵扣或由甲方直接给付。另有约定的从其约定。

7.为保障消费者权益，贯彻国家食品安全等方面的有关规定，乙方可对甲方提供的商品进行批次的定期抽检，由此产生的检验费用由甲方承担。乙方也可进行不定期抽检，抽检商品质量合格的，检验费用由乙方承担，不合格的则由甲方承担，乙方应出具检验报告单。

商品在销售过程中由政府专门机构依有关规定进行的质量检验，如检验部门收取费用的，抽检商品质量合格的，检验费用由双方共担，不合格的则由甲方承担。

由消费者投诉而送检的商品，检验后不合格的，检验费用由甲方承担。

上述检验应由甲方承担的费用，乙方需提供政府专门检验机构合法收费凭证，并以凭证金额向甲方结算。

三、包装、条码

1.甲方所提供商品的外包装应当符合中华人民共和国相关法律法规的规定，用中文标明产品名称、生产厂厂名与厂址、规格、等级、采用的产品标准、质量检验合格证明、使用说明、生产日期和安全使用期或者失效期、警示标志及其他说明等，外包装上显示注册商标或专利号的，应提供相关知识产权证明。

2.商品应当使用国家规定的标准条形码，并经由乙方设备验证可用。如需乙方代编条形码的，应在本合同后附加代编码服务条款，甲方承担相应费用。

四、交货及验收

1. 双方约定的交货地点为乙方仓库或经营连锁门店；甲方将订单列明的商品，按照约定的时间、运输方式交付到双方约定地点，由甲方承担运输费用。

2. 乙方应当及时安排工作人员在到货后按照订单对商品的种类、规格、产地、数量、包装等进行验收；如商品不符合本合同及订单要求的，可以拒绝接收。

3. 自交付、验收后，商品毁损、灭失的风险由乙方承担。

4. 甲方应保证所供商品在保质期内100%合格率，如在实际销售中发生该批次商品部分质量不合格，乙方应及时对未销售的该批次商品实行100%退换货，同时甲方应对此负全部责任。

五、退换货

1. 考虑到商品的自然损耗和季节性差异，双方同意本合同项下商品退、换货率为5%。

2. 乙方退换货应当向甲方发出退货商品书面通知，甲方应当于收到商品后3天内对所退换商品进行核实并书面确认，7天内负责更换或者收回所清退商品。

3. 对于存在保质期、有效期的商品，乙方应当在保质期、有效期尚存2/5的期限内提出退换货。

4. 下列情形下，甲方有权拒绝退货：

（1）乙方因自身原因造成商品污染、毁损、变质或过期的；

（2）乙方因调整库存、经营场所改造、更换货架等事由的。

六、商品损耗

甲乙双方都认同，商品在到达乙方后的仓储、上架、销售过程中存在着一定比例的自然损耗（不含乙方自身过错造成）及质量抽检的样品损失，甲方愿意与乙方共同承担一定比例的损耗，双方约定由甲方承担的本合同项下损耗为购销金额的0.2%。

七、对账

1. 对账方式为：_____

2. 甲乙双方确认的对账周期为：每月_____次，对账日期为每月_____日，对账日_____天。

3. 双方按照确认的书面对账单按时进行对账，如因乙方原因在规定的日期不能提供对账单的，在甲方开具发票后，乙方应当依据销售清单和本合同先行给付无争议部分的货款。甲方如遇特殊情况未能在规定的时段对账，可与乙方协商解决。

4. 对账日前天，甲方应当按照进货、销售、退货等清单载明的数量及数额向乙方提供相关凭据，乙方持相关单据进行核对，核对无误后签字确认。

八、结算

乙方以下列方式结算货款：□现金□银行转账

甲方开户行：_____

账号：_____

货到：□7天□15天□30天□45天□60天□天（国家规定的60天内）

九、反商业贿赂约定

甲乙双方均反对索贿、行贿及其他不正当交易行为。甲方承诺，不向乙方人员提供赠送礼品、现金、样品、餐饮等任何形式的利益。

若甲方被发现以任何形式的商业贿赂及其他不正当方式取悦乙方工作人员，以获取订单、更有利的价格、货架资源，或虚报送货量，或降低商品质量，或缩短付款期限，乙方将立即停止与其商业合作关系或订单，并向有关执法部门举报。

如有乙方工作人员要求甲方给付任何形式的商业贿赂，甲方有义务向乙方书面检举，并提供相关证据。对甲方的检举，乙方应给予保密，并按照国家有关规定对当事人给予严肃处理，直至送交司法机关。

十、合同的解除

1. 在一方没有违约的情况下，另一方提出解除本合同的，应当提前30天以书面形式通知对方，如双方达成一致，合同自双方协商确定的日期解除。

2. 合同解除或终止后，双方仍应当按照本合同约定的方式进行对账与结算。剩余部分商品退还甲方，货款金额执行多退少补。

十一、违约责任

1. 甲乙双方均应当全面履行本合同的约定，一方违约的，应当向另一方支付违约金，造成对方经济损失的，应当承担赔偿责任。

2. 甲方应当保证其所提供的商品不存在任何知识产权的瑕疵。如甲方或其供应商因为侵犯第三方的专利权、商标专用权、著作权、肖像权、商业秘密或其他民事权利而产生争议，给乙方造成经济损失的，甲方应当承担全部责任并承担因此而发生的各种费用。

3. 甲方承诺对所供商品的质量全面负责。如因甲方商品出现质量问题，造成他人的人身或财产损害，第三方要求赔偿或发生诉讼的，由甲方承担全部责任。甲方除负责赔偿由此引起的一切损失外，还应向乙方赔偿该问题商品该次销售总额的 30%。

4. 甲方逾期交货的，每延误一天，按逾期交货总额的 20% 支付违约金。甲方拒不送货、中途断货或不能保证供货的，按本次订单商品总额的 50% 支付违约金。甲方应达到 95% 的商品品种到货率，如达不到，按缺货品种计算，每缺少一个品种，乙方有权从甲方货款中扣除 200 元作为违约金。

5. 甲方应当确保提供的各种证件和发票符合国家规定。如因甲方提供假证件、假发票等，使乙方受到牵连，被执法部门处罚或给第三人造成损害，甲方应当承担由此造成的经济损失，乙方有权直接解除合同。

6. 甲方根据乙方要求专门定制的特殊包装或特供商品，乙方违约的，应当支付违约金，但甲方应立即止损，并不得就故意扩大部分的损失要求赔偿。

7. 乙方不按本合同规定对账、结算并向甲方支付货款的，每拖延一天按应支付货款的 0.3% 计付违约金。

十二、合同期限

1. 本合同期自 年 月 日起至 年 月 日。

2. 合同期满前 1 个月，如双方同意继续合作，应重新签订新的合同；如未签订新的合同，乙方仍然下达订单且甲方接受的，视为按原合同继续履行。

十三、争议解决

本合同项下发生的争议，双方应当协商解决，也可向有关行政机关投诉处理；协商不成的，向乙方仲裁委员会申请仲裁或向人民法院提起诉讼。

十四、其他

1. 本合同涉及的通知，应当以双方约定的形式送达。

2. 本合同的变更和补充，双方应当另行签订补充协议，且补充协议不得与本合同相冲突。

3.本合同经双方法定代表人或其代理人签署并加盖公章后生效。

4.本合同一式贰份，双方各执壹份，均具同等法律效力。

甲方（盖章）：　　　　　　　乙方（盖章）：

签约代表人：　　　　　　　　签约代表人：

签字日期：　　年　月　日　　年　月　日

公司资质审核表（一）

公司编号			
公司名称		公司类别	
生产经营范围			
公司地址		法定代表人或负责人	
质量认证证书编号		认证名称	
认证范围			
邮政编码	联系电话		联系人
随附资料	1.生产或经营许可证复印件　　2.卫生许可证 3.营业执照复印件　　　　　　4.法人委托书原件 5.税务登记证复印件　　　　　6.行业认证证书复印件等 （三证合一或五证合一附合影资料）		
采购人员意见	负责人：　　年　　月　　日		
采购部意见	采购部长：　　年　　月　　日		
质量信誉调查情况	负责人：　　年　　月　　日		
质量管理部审核	部长：　　年　　月　　日		
采购总监审批意见	总监：　　年　　月　　日		

附件11：

新品采购审批流程

规范商品采购流程，合理利用上游资源，有效控制采购成本，确保公司利益最大化，供采购人员遵循。

一、新商品来源

到竞争对手取样、供应商提供新样品、公司内部提报、外部资源提报。

二、新品基本资料审核

1.生产商或供应商合法性审核：按照公司采购标准、结合国家法律规定，对于新商品渠道合法性进行审核。

2.新品属性审核：按照商品基本属性，审核商品基本合法资料的认证，并取得第一手认证资料，确定真伪。

3.对新商品价值销售力判断：用采购专业眼光判断新商品的销售力，能够对商品销售补强。

4.判断商品是补强性还是替代性：按照新品引进的原则，确定新商品属于结构补强性还是替代性商品。补强性商品，定位准确后按照采购流程积极启动内部沟通；现有相同功能商品的替代性商品，按照新品进滞销品清退的原则，为新商品准备好贩卖空间。

5.新品取样：按照规范性原则，必须对现有商品进行样品封存，确保后面商品的质量。

三、新品合同条款确认

按照采购合同条款，对商品重要性指标进行确认，包括质量、价格、订货量、折价、活动支持等，达成基本共识，便于向上级领导报告及新品评审委员会审核。

四、新商品申报和评审

1.按照新商品申报流程：申报采购部、质量管理部、采购总监等领导审批同意。

2.新品采购委员会评审：按照新品评审基本资料要求，由采购人员提供资料，包括新品销售力、销售政策、新品定位、满足客层、执行卖点、推广计划等进行全面陈述。

五、新品的签约阶段

新品一旦被采购委员会通过，采购人员同供应商签订采购合同，并配合做好后续推动阶段各项确认，形成书面资料存档。

六、新品上市的沟通阶段

采购人员将新品上市的执行计划通过营运部的会议向店长进行报告，推行计划包括订货、最低定量、陈列位置、货架排面数、单店销售目标等。同时要注明供货商名称、联系人、联系电话等。

重点商品要制定新品推广激励方案。

七、门店准备与销售阶段

门店按照采购部门的规划，依据时间点落实各项工作，确保新品上市作业到位。

门店组织员工积极面销，扩大新品机会，努力将新品成为门店的 A 级品。

八、新品上市后销售成果的评估

新品上市销售的周期最长为两个月，第一月为推广阶段，第二月为正常销售阶段。

采购部门依据新商品的销售表现，综合评价新商品的销售力和成果，采取下一步执行动作。如果该商品属于补强结构性商品，可以继续保留，如果为替代性商品，需要调整寻找替代性新品。

厂商新品提报表

供应商				申请日期	
姓名		手机		联系人	
生产厂家				入场费	
广告支持情况					
终端支持情况					
品名				规格	
底价		进价		核定零售价	
拟执行零售价		拟营销模式			
公司类比品牌					
品名	规格		进价		零售价
品名	规格		进价		零售价
品名	规格		进价		零售价
品名	规格		进价		零售价
品名	规格		进价		零售价
评审情况：					
终审情况：					
质检意见：					

附件12:

营销活动方案

项目		工作内容	责任部门
促销活动 方案设定	促销活动 主题设定	根据节假日（包括中秋节、春节、元旦、情人节等）以及公司重大节日（店庆、司庆等），确定促销活动主题	
	促销活动 期间设定	促销活动准备时间的周期以日、周、半月、月作为活动期间	
	促销活动 方式设定	抽奖、买赠、积分兑换、会员商品低价等，还包括异业联盟等联合促销	
	促销活动 商品选择	促销商品选择节令性商品、纪念性商品、换季商品及重点类别商品和会员商品	
促销 形式选择	与供应商 联合促销	提前与供应商进行促销活动主题的沟通，选择价格折让商品，成本费用共担	
	确定促销 沟通方式	通过海报、微信、路演等方式进行活动推广	
促销活动 方案执行	将促销商品 明细发至门店	制定活动周刊，按照时间由活动发起部门将档期信息发至执行部门（门店、物流等）	
	活动执行 部门应对	门店或物流按照活动方案，进行备货及氛围布置，并做好执行前差异项目的沟通应对	
	执行部门 借力使力	执行部门特别是门店可在营销方案的基础上，依据商圈附加单店活动，补强活动力量	

项目			工作内容	责任部门
关键项目应对	商品方面	商品陈列图规划	促销商品陈列区域的确定（地堆、端架、排面等）	
		备货数量	根据制定的陈列计划进行商品数量的备货	
		商品订货	沟通供应商进行促销商品订货（包括数量、到货时间、商品存放等）	
		促销商品价签	爆炸花、堆头POP及排面价签的更换，商品扫码并核对变价单是否价格一致	
	氛围方面	店内氛围	装饰、装饰道具，体现出视觉冲击	
		店外氛围	装饰、装饰道具，体现得体大方	
	安全方面	环境安全	门店内外要求商品、道具、器械皆为安全	
		与邻居发生纠纷	采取正常方式方法处理纠纷，维护公司形象	

附件13：

物流仓库管理制度

根据门店销售需要，合理储备商品，加速商品周转，精进仓位管理，努力降低仓储成本。

一、公司仓库规划管理制度

1.库位规划

仓库管理员应依商品出库情况、包装方式等规划所需库位及其面积，利用物流仓库重型货架，以使库位空间得到有效利用。

2.库位配置

库位配置原则应依下列规定：

库位区域划分：分为整箱区、拆零区、暂存区、出货区、残次品及退货区，依据商品属性，进行商品区域存储与管理。

依据商品的属性（组别）分区存放，同类商品合格品、待检品、不合格品分区存放以利管理。收发频繁的商品应配置于进出便捷的库位。

将商品依商品名称、规格批号、数量、存放库位标明于料卡或库位配置图上，并随时显示库存动态。

配备仓库内设备。例如：叉车、电动拖板车、手动液压拖板车、手推车、消防设施、通风设备、电源开关等储运工具及设备设施，规划运输通道。

3.商品堆放

依据商品数量、特性、要求及出库频度进行仓位规划及堆放层级安排。

4.库位标示

库位编号依下列原则办理并于适当位置作明显标示：

层次类别依顺序逐层编订，没有时填库位流水编号；

通道类别依顺序编订；

仓库区位依顺序编订，并定立明显标识。

5. 库位管理

仓库工作人员应掌握各库位、各产品规格的进出动态，并依"先进先出、按批次出库"的原则制定存放方案，每种规格原则上应配置两个以上小库位以备轮流交替使用，以达先进先出的要求。

二、库存量管理工作细则

1. 安全库存量设定

用量稳定的商品由物流管理人员依据门店订货周期制定相应的库存周转量计划，设定安全库存的上限及下限。若门店有团购客户需要大批量要货时，及时向供货厂商启动紧急订货和送货。

2. 库存量查询监控

仓库管理人员每天按计划查询仓库即时库存情况，视情况分类报表输出，并对库存情况进行分析，将订货需求及时提报订货人员补货。

3. 送货通知

当商品由于某种原因低于安全库存时，订货人员及时向厂商订货，确保物流仓库商品保持安全库存。

4. 退货通知

当商品由于某种原因高于安全库存或长期停用（存放期超过60天）或由于质量原因被判不合格时，订货人员应及时向厂家业务人员反馈，提醒其做退货处理。

三、商品储存保管条例

1. 商品的库存管理员原则上应以商品的属性特点和用途规划设置仓库，并根据仓库的条件考虑划区分工，订货量大的靠前陈列，周转量小的靠后可存放货架。

2. 商品堆放的原则是在堆垛合理安全可靠的前提下，推行五五堆放，根据商品特点必须做到过目有数，检点方便，成行成列，文明整齐。

3. 仓库保管员对库存商品负有经济责任和法律责任，因此坚决做到人各有责，物各有主，事事有人管。仓库商品如有损失、变质、报废、盘盈、盘亏等，保管员应及时报告上级主管，分析原因查明责任，按规定办理报批手续，未经批准一律不准擅自处理。保管员不得采取盈时多送、亏时克扣的违纪做法。

4. 保管商品要根据其属性考虑储存的场所（仓位），同类商品堆放要考虑先进先出、发货方便，留有回旋余地。

5. 保管商品未经主管同意一律不准擅自借出，配套商品一律不准拆件零发，特殊情况应经主管批准。

6. 仓库要严格保卫制度，禁止非本库人员擅自入库。仓库严禁烟火，明火作业需经上级领导批准，保管员要懂得使用消防器材和掌握必要的防火知识。

7. 仓管人员对于所经管的库存商品应予严密稽核清点，各仓库应可随时接受单位主管或财务部稽核人员的抽检。

8. 每一季度仓管人员应会同财务部门、业务部门、等共同对库存盘点，盘点时必须实地查点产品的规格数量是否与账面的记载相符。

9. 盘点后应由盘点人员填具盘存报告表，如有数量短少、品质不符或损毁情况应详加注明后由仓管人员签名负责。

10. 盘点后如有盘盈或不可避免的亏损情形时，应由仓管部门主管呈总经理核准调整，若为保管责任短少时则由仓库经管人员负责赔偿。

11. 直接保管商品的仓管人员变动时，应由其所属的部门主管在查对库存商品移交清册后，再由交接双方会同监交人员据实盘存，无误后办理相关手续。

四、公司储存管理办法

（一）账务

仓库管理员收到仓储商品及随货明细表后应立即和有关单据、实物核对，如发现异常应立即办理更正，核对无误后办理入库手续，登记帐册进入库存管理程序。

（二）盘点

1.库存商品应进行定期或不定期的盘点，盘点时通过系统导出商品库存，核对账实相符，并按实际盘点数量填写商品盘点表；

2.若有差异即填具盘点异常报告单，并计算其盘点盈亏数，仓储主管协同保管员查明原因，再送分管领导，提出改善措施呈报领导核决；

3.盘点盈亏数量经核决后，由采购部开具调整单，物流部留存备档。

（三）消防设备

仓库内一律严禁烟火，物流部应于仓库明显处悬挂严禁烟火标志，并依消防安全规定设置消防设备，由物流部指定专人负责管理并经常检查，如有故障或失效，应立即申请修护补充，并经常组织物流厂区消防训练以提高应对能力。

（四）库房安全管理规定

1.仓库内应经常维持清洁并随时注意通风情况；

2.易燃品易爆品或违禁品不得携入仓库，仓储管理部门应随时注意；

3.仓库内不得吸烟，若因工程需要烧焊时应先报备，并有专人负责允许后才可；

4.物流部对所经管的成品库存及储运设备的安全负责，如果破损应立即反映主管并立即修护；

5.未经物流部主管核准，有关人员不得进入仓库，搬运完毕后也不得在仓库逗留；

6.商品管理部门员工于下班离开前，应巡视仓库及电源水源是否关闭，以确保仓库的安全。

五、仓储配送管理办法

1.加强仓库管理。做好商品的收发和保管工作，做到保质保量地完成商品的收发配送任务，保质就是要保证仓储及配送质量，保量就是按计划规定的数量、时间及时完成收发和配送。做到快收快发，配送准时、准确。

2.做好仓库管理是加强商品管理的一项重要任务。为此，仓库管理人员必须根据储存商品的特点，做好"五无"——无霉烂变质、无损坏和丢失、无隐患、无杂物积尘、无老鼠；做好"六防"——防潮、防冻、防压、防腐、防火、防盗。

3. 保证商品管理的安全，严防贪污盗窃，严防一切事故发生，严禁无关人员进入仓库，不准在仓库内吸烟。

4. 商品进仓须有严格验收手续，对商品的数量、规格、件号、名称等做到准确无误，同时做好进仓的登记手续。

5. 商品出库发放必须严格执行先进先出原则，按照门店订货单拣货出货。

6. 开展技术创新，不断改善仓库的商品管理工作，做到科学管理仓库，提高工作效率，使仓库商品尽快流入门店。

六、仓库安全管理办法

1. 仓库系商品保管重地，除仓管人员和因业务工作需要的有关人员外，任何人未经批准不得进入仓库。

2. 因业务工作需要进入仓库时，必须先办理入仓登记手续并要有仓库人员陪同，不得独自进仓。凡进仓人员工作完毕出仓时，仓管人员应对其进行检查。

3. 一切进仓人员不得携带火种、背包、手提袋等物进仓。

4. 仓库范围及仓库办公地点不准会客，不准带亲友到仓库范围参观。

5. 仓库范围不准点火，也不准放易燃易爆物品。

6. 任何人员除验收时所需要，不准用仓库商品试用。

7. 仓库应定期每月检查防火设施的使用时效，并接受保安部门的监督检查。

附件14：

物流接单与配送管理办法

为使公司物流部配送工作尽可能地做到及时准确，服务周到，有效控制物流成本，提高物流配送效率，特制订本办法。

一、商品订单规定

1.订单需以书面形式明确品名、数量、生产批次、到期日。

2.门店订货订单需在每日11点之前发送到物流部门，物流部实行谁接单谁负责到底的制度。

3.门店订货订单需以传真（电话）方式执行向物流订货申请。

二、商品装车规定

1.发货须订货单、出货单、派车单三单齐全。

2.单子不齐全不予发货。

3.严禁野蛮装卸，货物出库与上车前发生的问题由装车人承担。

4.不按出库单装车，造成错误，导致门店拒绝接货事件，造成的损失由订单受理人负责赔偿。

三、商品运输规定

1.货运车辆必须符合货运标准。

2.货物载重量以满载为原则。

3.配送车不准借工作之便搭载其他货物或与工作无关的人。

四、配送车辆及人员规定

1.配送车辆及人员必须确保安全配送规定，遵守交通秩序，安全行驶，降低配送成本。

2.配送人员必须取得车辆驾驶资格证书，并熟练开车行驶。

3.配送人员按照公司规定着装，遵守公司及物流部各项规定，积极有效地为门店做好服务。

4.配送车辆需要车辆驾驶人员做好保养与日常维护，降低运送过程中车辆异常事件发生率，确保配送品质。

五、商品配送损耗管理

1.货物在运输过程中正常的损耗率为 0.05%。

2.货物到达订货区域未落地，经核对商品，发生破损的一律由承运驾驶员承担。

3.门店验收后，在送货单上签名。

六、违规处理标准

凡未按照规定流程正常作业，造成公司内部利益损失的，需要责任人承担损失，并按照责任程度进行一般违纪或严重违纪登记。连续多次违反各项条款，且拒不改正，可合并处罚或辞退处理。

附件15：

人力资源管理体系方案

为建立公司相对有竞争力的薪资、福利、晋升制度，实现招人、育人、留人、用人的有效管理，激励员工为公司事业打拼，特制定人力资源体系管理方案，供公司遵照执行。

一、岗位薪资的设定

1.总部宽带薪资设计

层级	晋升基本工资宽度		下行基本工资宽度	
总经理	上限			
	下限			
副总级	上限		上限	
	下限		下限	
部门级	上限		上限	
	下限		下限	
主管级	上限		上限	
	下限		下限	
员工级	上限		上限	
	下限		下限	

后勤总部员工原则上来自于门店，了解门店基本运作管理，来更好地服务于门店。

2.门店宽带薪酬设计

层级	晋升基本工资宽度		下行基本工资宽度	
店长级	上限			
	下限			

（续表）

层级	晋升基本工资宽度		下行基本工资宽度	
副店级	上限		上限	
	下限		下限	
代班级	上限		上限	
	下限		下限	
员工级	上限		上限	
	下限		下限	
试用期	上限			
	下限			

门店员工作为公司最重要的顾客服务窗口，其通过个人努力可以在最短的时间内走上各级重要管理岗位。

3. 薪资组成按照人力资源现有组成模式执行，人力资源细化作业细则。

4. 对于社会招聘的中高级人才，按照议定薪资标准执行，落实考核与经营目标实现。

5. 职业发展跑道

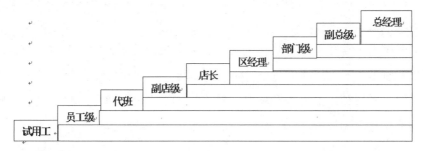

6. 职业发展历程

职级	成长时限	备注
总经理级	9年	副总满三年可以竞聘总经理
副总经理级	7年	部门经理满两年可以竞聘副总级
部门经理级	5年	主管级满两年可以竞聘部门经理级
主管级	3年	店长满一年可以竞聘主管级
店长级	2年	副店满半年可以竞聘店长级
副店级	1年半	代班满半年可以竞聘副店级
代班级	1年	员工工作满一年可以竞聘代班级
正式员工	9个月	试用期3个月后考核合格转为正式员工
试用工	3个月	

对于优秀员工，符合公司竞聘或晋升条件的，可以破格竞聘或提拔，绝不压制。

7.通过人力发展阶梯设定，建立能上能下的良性竞争机制，盘活人力资源，提升人均劳效。

二、绩效管理

1.绩效分值设定

绩效等级	人数占比	分值	基本工资提升	备注
A	10%	3	10%	优
B	50%	2	6%	良
C	30%	1	4%	中
D	10%	0	0%	差

2.考核期间

每半年考核一次，时间为7月份，主要对半年度员工个人表现情况、关键KPI达成情况做绩效面谈与提升；

年度考核一次，时间为1月份，全面考核全年目标的达成情况，以年度考核等级为主。

3.考核人：直接领导考核，上两级领导审核，公司人力资源执行两级审核结果。员工对于考核结果有异议的，按照两级领导考核结果执行。

4.依据考核结果薪资提升标准，对于员工基本工资每年调整一次，每年工资调整时间为3月份。

三、绩效考核表设定

1.依据岗位说明书中岗位职责匹配的原则，将职责内容转化为可考核的关键KPI指标，形成员工绩效考核表。

2.每年1月在对上年度考核，并完成本年度部门、员工关键KPI指标设定，完成绩效考核表目标设定与书面确认。

3.绩效考核表以分值和权数两个参照，分值 * 权数 ≤ 100分，按照分值排序A、B、C、D。部门经理以上人员考核结果最后由总经理审核确认；主管级的人员由副总经理审核确认。

四、晋升标准

1. 晋升入围基本条件

指标	标准	备注
指标一	累计积分6分	
指标二	积分年限4年之内	超过4年分值清零重新累积
指标三	无有重大违纪记录	

2. 晋升采取内部竞聘或总经理委任两种方式产生，经总经理批准才能晋升。

3. 因工作需要，总经理有权破格提升。

4. 晋升时基本工资提升10%，如未达到晋升层级基本工资下限，按照最下限起薪。

五、降职或解聘规定

1. 因个人、工作过失、公司调整、职位无法胜任等原因需要对员工进行降职时，按照降职后相应的基本工资幅度执行。

2. 重大违纪事件发生，需要解聘的，按照公司解聘规定与流程执行。因个人品德离职的，列入永不录用。

3. 员工连续两年被评定为 D 级，连续三年被评定为 C 级员工，列为不胜任员工，按照降职或辞退处理。

六、附则

每个人员要认真对待公司管理与绩效考核，按照组织运行规则做好本职工作，尽职尽责，努力实现年度目标，为事业打拼。以下为发展、营运、采购、物流单位的绩效考核表，作为参照。

发展单位关键绩效考核指标（一）

序号	KPI指标	考核目标	指标说明	资料来源
1	执行店铺开发	总开店数店		发展单位
2	店质确保	预估销售达成率 %		营运单位
		目标店月达成率 %		
3	租赁条件	租期年限年		发展单位
		免租期月		
		付租期月		
4	销售预估误差率	误差率%	PSD与预估PSD	营运单位
5	新发掘有效预定点	处	以找到房东为准	发展单位
6	既有店调查	店	以既有店调查表格为准	发展单位
7	既有店续约	续约达成率%	按规定时间续约	发展单位
8	续约店平均涨幅	控制在 %		发展单位
9	租期	标准年限年		发展单位

营运单位关键绩效考核指标（二）

序号	KPI指标	考核目标	指标说明	资料来源
1	销售达成率	%	实际销售/目标销售×100%	财务单位
2	销售成长率	%	（本期销售−上期销售）/上期销售×100%	财务单位
3	毛利达成率	%	本期毛利率/目标毛利率	财务单位
4	毛利成长率	%	（本期毛利率−上期毛利率）/上期毛利率	采购单位
5	净利达成率	%	本期净利/目标净利×100%	财务单位
6	净利成长率	%	（本期毛利率−上期毛利率）/上期毛利率	财务单位
7	商品回转率	次	以月为单位，取期初与期末数据计算得出	财务单位
8	商品结构优化达成率	%	实际优化SKU数/目标优化SKU×100%	营运单位

（续表）

序号	KPI指标	考核目标	指标说明	资料来源
9	商业形象	分	评鉴项目实际累计得分/应得累计分值×100	监管单位
10	安全管理	达标	符合安全管理指标	安全单位

采购单位关键绩效考核指标（三）

序号	KPI指标	考核目标	指标说明	资料来源
1	毛利率达成率	%	实际毛利率/目标毛利率×100%	采购单位
2	毛利率成长率	%	（本期毛利额−去期毛利率）/去期毛利率×100%	财务单位
3	销售达成率		实际销售额/目标销售额×100%	财务单位
4	新商品引进率	%	$\dfrac{考核期内引进新商品数量}{期末商品总数量}×100\%$	采购单位
5	采购成本降低	%	计划采购成本−实际采购成本	财务单位
6	质量合格率	%	品质异常次数	营运单位
7	商品周转率	%	商品周转率=（期初+期末）/2×100%	采购单位
8	应付账款周转期间	天	$\dfrac{应付账款+应付票据}{进货净额}×360$	采购单位
9	安全存量	元	日均销量×紧急补货所需的时间	采购单位
10				

物流单位关键绩效考核指标（四）

序号	KPI指标	考核目标	指标说明	资料来源
1	配送计划达成率	%	$\dfrac{实际完成的配送数量}{计划完成的配送数量}×100\%$	物流单位
2	管理费用控制率	%	$\dfrac{当月实际部门管理费用}{当月计划部门管理费用}×100\%$	物流单位

（续表）

序号	KPI指标	考核目标	指标说明	资料来源
3	平均配送费用率	%	$\dfrac{月配送费用总额}{月平均配送量}$	物流单位
4	平均装卸成本率	%	$\dfrac{装卸总成本}{装卸货物总量}$	物流单位
5	紧急订单响应率	%	$\dfrac{未超过12小时出货的订单数}{同期订单总数}\times100\%$	营运单位
6	账实相符率	%	$\dfrac{库存盘点账物相符金额}{实际库存盘点物资总额}\times100\%$	盘管单位
7	货损货差率	%	$\dfrac{货损货差数量}{同期配送货物数量}\times100\%$	盘管单位
8	车辆满载率	%	$\dfrac{车船实际装载量}{车船装载能力}\times100\%$	物流单位
9	送货准时率	%	$\dfrac{按时送货次数}{送货总次数}\times100\%$	物流单位

附件16：

培训体系管理办法

一、目的

为提高本公司员工职业素能，充实知识与技能，改变观念，开拓思维，以提升工作效率。

1. 落实教育训练体系，确保基业常青。

2. 辅助各阶层主管提升工作效能，更好地完成本职工作。

3. 辅助公司总体目标和经营目标获得达成。

二、培训体系建设价值描述

培训体系是公司对员工系统、持续培训的重要保障，是一个公司内部培训资源的有机组合，是公司对员工实施有效培训的平台。一个有效的培训体系必须要运用各种培训方式和人力资源开发技术和工具，把零散的培训资源系统地整合在一起，使培训能有计划持续地开展下去。它可以保证公司衡量和巩固员工的培训效果；可以改善公司为培训而培训的现象；可以避免培训的盲目性和临时性；可以让培训做的更系统，更持久，更有效；它是帮助公司实现人才培养目标的重要工具。

三、培训体系建设的五大原则

1. 动态原则：必须适应不断变化的外部环境，要求培训体系必须是一个动态、开放的系统。培训体系要根据公司的发展战略和目标进行适时调整，才能真正发挥推进绩效改善和提升公司竞争力的作用。

2. 均衡原则：有效的培训体系需要保证员工在不同的岗位都能接受到相应的训练，要求培训体系必须保持纵横两个方向的均衡。纵向要考虑新员工、一般员工、初级管理者、中级管理者、高级管理者等不同级别，针对每个级别对不同能力的要求，设置相应的培训课程；横向要考虑各不同职能部门工作需要哪些专业技能，来设计相应课程。

3.需求原则：培训体系的建设要满足组织需求和员工需求，满足组织需求，才能保证培训的人才是组织所需要的，而不仅仅是岗位所需要的；满足员工需求，才能从根本上调动员工的培训主动性和积极性，从而保证培训的效果。

4.参与原则：培训体系的建设，不只是培训部门或培训管理员的事，培训体系中的任何一项工作，都不能只靠培训部门孤军奋战，必须上下达成共识，全员参与，必须得到领导的大力支持，业务部门的积极配合才能完成。

5.发展原则：培训体系和培训课程的开发要与员工自我发展需要相结合，实现公司与员工双赢，才会符合发展原则。

四、培训体系层级的设置

序号	层级	训练目的
1	部门经理及以上层级	培养领导力，强化组织与团队管理，带领公司实现长期发展
2	店长与主管以上及骨干员工层级	培养领导力，强化组织与团队管理，带领公司实现长期发展
3	员工层级	充实知识和技能，提升专业度和业务素质
4	新入职人员层级	加深认可度，培养忠诚度

设置描述：

公司培训体系架构方面设定为四层，每个层级培训的定位略有不同。

但每个层级的教育训练配合人员成熟度的提升和晋升进行，皆在优化培训序列，提升培训效能。

五、培训计划

1.培训计划种类：公司年度培训计划；部门年度培训计划。

2.公司年度培训计划的编制流程：公司各部门填报《年度培训计划》；培训部门拟编《年度培训计划》；公司管理中心负责人审核；总经理批准；培训部门备案。

3.培训部门的职责：按照公司发展战略，培训部门制定培训战略，配合组织发展目标实现与战略远景落地；综合协调各单位的培训计划，每年培训部门执行年度培训计划；依年度培训计划实施培训；组织编写或修订培训课件；追踪、检查各项培训实施情况并分析成效。

六、公司培训课程设置及培训实施

依据公司发展方向、需求及员工的情况进行课程设计：

1.课程分类

序号	类别	课程名称	讲师选择
1	新员工培训	公司简介、企业文化、公司管理制度、绩效管理、商务礼仪	内部讲师
2	通用技能培训	有效沟通、团队协作、执行力、职业发展、职业心态、户外拓展、安全管理培训、商品知识	内部讲师
3	营销技能培训	销售技巧、客户管理、谈判策略、门店销售	内部讲师与外聘
4	专业技能培训	门店管理、连锁管理、采购管理、财务管理、物流管理、人力资源管理	内部讲师
5	管理技能培训	目标管理、组织管理、战略管理、员工管理、沟通管理	内部讲师或外聘

2.课程选择

序号	层级	培训定位	训练目的
1	部门经理及以上层级	管理技能课程、通用技能课程	培养领导力，强化组织与团队管理，带领公司实现长期发展
2	店长与主管以上及骨干员工层级	通用技能课程、专业技能课程、营销技能课程、管理技能课程	
3	员工层级	通用技能课程、专业技能课程、营销技能课程	充实知识和技能，提升专业度和业务素质
4	新入职人员层级	新员工培训、通用技能培训	加深认可度，培养忠诚度，如何做一名合格的职场人

3.培训方式

内部讲师、在职导师一对一、外部讲师、脱产培训、读书活动、研讨会、岗位轮换、学历教育、外出考察、拓展训练。

4.内部讲师的培养与选择

公司的中高层管理者、岗位骨干等。内部讲师可以优先参加外派学习，同等条件下，可优先晋级、晋职或加薪，公司为内部讲师全身心地投入培训工作创造一切便利条件。

第一批内部讲师队伍由公司主管以上人员、优秀员工组成讲师团。以上讲师队伍每人每年必须开发一门课程，开发一门课件并通过演讲评审之后给予500元现金奖励，课件内容入公司资料库，内部讲师实行累计学分制。

5.新员工导师制

新员工自培训结束并通过考核之日起由指定导师带领；新员工导师由部门经理分配指定，并提前确认。新员工导师需具备以下条件：

有较丰富的本岗位工作经验；具有较深厚的专业理论知识，有较强的科研能力或业务能力；熟悉公司各项规章制度、程序文件及工作指引；具有较强的工作责任心和敬业精神。

6.优秀导师优先晋升

新员工导师必须履行以下职责：思想素质、企业文化、公司制度的教育；专业知识和技能的训练；疑难工作的解决和指导；对岗位培训效果的评价。

7.培训资料库

内容包括内部讲师教案库、外部讲师教案库、团队收集的素材库，目的在于建立知识沉淀、获得延续内部分享。

8.培训实施

由公司培训部门做培训计划、组织编撰课件、内训师等。组织每期培训，确保培训环境准备到位，并做好培训工作后期追踪，确保培训目标实现。

9. 培训成果确认

一级评估：反映层评估，培训结束后发放调查问卷。由学员填写。

二级评估：学习层评估，每次培训课程完成后须通过考试、写心得报告等形式进行课程内容的确认，确认结果必须在公司规定的标准之上，否则本次培训未通过。

三级评估：行为层评估，对于培训成果在实际工作展现中，追踪培训人员在实际工作中工作效能有没有提高作为重要的评估方法，作为阶段性考核目标。

四级评估：结果层评估，这一评估主要关心的是培训是否为企业的经营发展产生积极影响。例如，骨干员工流失率、公司业绩增长率、成本节约、客户满意度、员工能力的提高。

10. 建立详细的员工培训档案。

七、培训组织纪律

1. 培训组织责任人应在开课前做好培训教材、教具、器材等的准备工作。

2. 员工应在开课前到达培训地点，并签到后找到自己的受训位置。

八、培训体系推进保障措施

1. 培训跟员工绩效挂钩：不同层级员工需要修订本层级培训课程，否则绩效不能为良好以上。不同层级需要修满学分，每一小时培训并通过考核计算 1 学分，不能修满学分者，绩效不能为良好以上。

序号	层级	学分标准
1	部门经理及以上层级	40
2	店长与主管以上、骨干员工层级	30
3	员工层级	20
4	新入职员工层级	15

2. 担任培训师，一个课时（按照 1 小时计算，超过半小时亦同 1 小时计算），顶替学分一分。

3. 自我学习学分积累，公司员工通过阅读与工作有关的书籍，每 10 万字写一份 1000 字学习心得，通过评审后积累学分一分。但自我学习积累学分不能超过职位学分的 30% 为限。

4. 未参加晋升课程培训人员，不能晋升。

5. 每位参加外派培训的人员，有义务为相关工作的人员授课。

6. 每位申请参加外派培训的人员，在培训申请时附带目前工作不足或是需要提升的项目；培训返回后，在十个工作日提报心得、改进方案 / 计划。

7. 公司员工必须参加培训部门指定的课程的学习，课程开始前员工必须签到，准时参加培训，因特殊情况缺课的，应按考勤制度规定的审批权限办理请假手续。必须补课的应按培训计划要求办理。

8. 学习期间，学员应当遵守如下培训纪律：按时到课，不得迟到、早退、旷课；认真听课；关闭手机或调为振动；培训过程中不得无故离场，如是工作原因，请事先向培训管理人员申请。

9. 培训师取酬标准

	内部讲师	外聘讲师	其他专业讲师
授课取费标准	元/小时	元/小时	协议价格

建立讲师取酬标准，推动讲师团队能力提升，持续为员工注入新鲜知识，为公司发展提供智力支持。

员工个人培训记录表（一）

部门 _____ 记录 _____ 编号 _____

姓名		工号		到职日期		出生年月		
部门								
学历		日期	学历		专业		学校	
	1							
	2							
	3							
	4							
外部培训		日期	资格/证书/内容				时数	发证机构
	1							
	2							
	3							
	4							

（续表）

内部培训		日期	培训内容	时数	评语
	1				
	2				
	3				
	4				
备注					

员工培训记录表（二）

姓名		部门		职务	
性别		学历		专业	
培训记录					
序号	培训内容		培训时间	时数	成绩	备注
1						
2						
3						
4						
5						

备注：培训部门（人员）如实登记员工个人培训信息，作为晋升与绩效参考。

授课质量调查表（三）

课目：　　　　　　讲师：　　　　　　日期：年　　月　　日

1. 您认为本次课程对您的工作是否有帮助　□很大　□尚可　□没有

2. 您认为本次课程能否配合工作上的实际需要

　□非常配合　　□尚可　　□没有

3. 您认为承办单位所提供的服务状况如何　□良好　　□尚可　□不佳

4. 您对本课程内容是否满意　　　　　　□很满意　□尚可　□不满意

5. 您是否了解本课程内容　　　　　　　□很了解　□尚可　□不了解

6. 您对本课程最感兴趣的地方是

7. 您认为本项课程重点应讲授那些内容

8. 您对讲师教学方式是否满意　　　　　□很满意　□尚可　□不满意

9. 您认为讲师授课的内容是否充实　　　□很充实　□尚可　□空洞

10. 您认为应采用何种教学方式较为适当

11. 您对本课程有何其他意见

新进员工实习考核表（四）

部门：　　　　岗位：　　　　姓名：　　　　入职日起：

序号	考核项目	考核标准	最高分数	单位评分	考核建议
1	工作态度	虚心求学，有上进心	10		□转员工试用
		工作积极，遵守制度	10		□延长实习 月
2	工作能力	专业对口，有基础能力	15		□不合格退用 如果退用，请 单位主管提供 原因：
		思路清晰，无差错率	15		
		电脑及相关设备熟练应用	15		
		工作记录详细，执行力强	15		
3	综合素养	诚信、团结、协作、开拓	20		单位签核：
最终成绩（人事汇总）					

附属要求：

1. 奖惩项目：　A投诉一次扣5分；不合格一次扣3分。记录情况：

　　　　　　B培训有效加3分；客户夸奖一次加5分。记录情况：

2. 新实习生考核70分为合格。

实习期间所参加内容与时间		执行人	培训主管评语
1			
2			
3			
4			
5			

本人签字：　　　　人资部签核：　　　　总经理核准：

附件17：

员工自律协议书

经与员工协商同意，签定员工自律协议书，在协议有效期间，双方必须遵守国家法律、法规，遵守公司的各项通报，以保护双方的合法权益不受侵犯，并自愿达成如下协议：

一、员工为公司工作期间不得到竞争企业兼职或任职，不得为竞争对手提供咨询性、服务性服务；不得自行组建公司与原公司竞争。

二、员工在工作期间接触的一切商业机密均属公司财产，不属于员工自己，员工工作期间有责任保管好公司一切资料，不得外传。离职时不得带走任何属于公司的资产和商业机密资料。

三、员工提出辞职后，在离开公司一定期限内，未经公司同意不得泄露公司的商业机密。

四、员工离职自行组建公司后，不得唆使原公司的其他员工为自己工作，也不唆使原公司的任何其他员工接受外界聘用。

五、员工在公司工作期间

1. 不得接受合作方各种名目赠送的礼品；不得接受合作方超过正常促销需要的赠品；不得与合作方私自达成任何协议。

2. 采购商品时需按实价进货，不得虚抬价格以收受供应商好处，不得接受供应商的欠条。

3. 公司员工及家属不得参与公司营销活动最高奖项的获取。

4. 不得有其他损害公司利益的行为。

六、违约处理

违反以上条规者公司按照严重违纪对员工做辞退处理；给公司造成重大损失者，由其承担公司全部损失；触犯国家法律法规者，依法追究其法律责任。

七、本协议自签定之日起生效，至有效期限为止（劳动合同解除止或本协议自动解除日止）。本协议一式两份，一份由公司留存，一份由签约人留存。

八、本协议中条例仅做原则性规定，员工触犯商业道德的行为包括但不限于以上所列条款，不包括在以上条款内的根据实际情况进行判定。

检举电话：

公司：   签约人

委托代理人：

        年   月   日   年   月   日

附件18：

目标体系管理办法

一、总则

（一）为实现公司发展战略、发展规划，使公司、部门经营计划有效执行，使各个部门能够明确自身的工作重点，保证公司的可持续发展，公司在内部管理上实行岗位目标管理制（MBO）。

（二）目标管理 (management by object) 是国际流行的一种先进的科学管理模式，也是执行力的关键。根据注重结果执行力原则，通过决策者提出组织在一定的时期内适应外部环境发展的总目标，然后由组织内各部门和员工根据总目标确定各自的分目标，并在获得适当资源和适当授权的前提下积极主动为各自分目标而奋斗。

（三）公司的目标管理体系遵循"一个中心、三个阶段、四个环节"的管理原则。一个中心，以目标为中心；三个环节，目标确定、目标实施、目标考核；四个阶段，计划、执行、检查、改进。

（四）公司的目标管理体系执行从上至下的建立原则，所有目标必须落实到岗位上，具体到人。

（五）公司管理目标制定必须遵守 SMART 原则。

二、目标的管理部门与职责

（一）总经理办公室为目标管理体系的管理部门，并对目标管理进行过程控制和追踪落实。人力资源部设定目标考核指标于绩效考核中，并落实目标激励体系。

（二）办公室负责组织目标的制定和确定，并组织目标平衡会，对公司各部门目标进行平衡，确保总目标与部门目标的协调一致。

（三）所有部门完成总目标分解后，办公室组织各部门与公司签订目标责任书，并报人力资源部进行备案。

（四）人力资源部根据目标指标，列入部门或员工绩效评核表。

三、目标的确定

（一）公司目标的设定主要从以下三方面来考虑。

1. 要根据公司中长期发展规划进行设定：年度目标的设定应与公司中长期战略规划相一致。在设定年度目标时，一定要以中长期战略目标规划为指导，防止脱离战略规划、主观臆断、自行其事的现象出现。

2. 应充分考虑外部情况：在制定目标时要有针对性的收集获取行业相关政策和客户需求信息，进行充分研究，并对未来趋势做谨慎性判断。

3. 密切结合公司的现状和现实条件是能否实现目标的基础：制定目标要先进行公司的 SWOT 分析，了解自己的优势、劣势、存在的机会、潜在的威胁，这样才能制定出切实可行的目标，并同公司年度计划相匹配。

财务类目标：主要指收入目标和财务目标等。

客户类目标：主要指客户满意度目标等。

内部管理类目标：主要指设计管理职能类目标和其他专项目标等。

学习成长类目标：全员培训、员工满意度、员工创新提案率目标等。

（二）公司的目标体系必须以公司整体规划为前提，以公司年度计划为依据进行制定。

（三）目标管理体系必须符合公司的实际能力和现有水平，并能够解决上一年度经营目标遗留问题。

（四）公司实行三级目标：一级目标为公司目标，二级目标为部门或职能单位目标，三级目标为员工目标。

（五）董事会根据公司具体经营状况和下一年度市场经营预测下达一级指标给公司总经理。公司总经理对目标进行细分下达到各部门或职能单位，形成二级目标。各部门将目标进行细分后下达到部门员工，确保"人人有目标，事事有人担"的管理精神。

四、目标的分解和落实

（一）目标的设定应以可量化的工作业绩为主，同时，监督重点事项目标尽量与绩效考核体系的考核指标相一致。

（二）目标的制定 SMART 原则，即认同的、明确的、可衡量的、可达成的、相关性和时限性。目标项目力求明确具体，并作为本年度的工作重点。如属例行性、常态性工作不能列为一项目标。

special：分解的目标是准确界定的，定量指标要规定清晰的结果，无法定量的指标要描述出完成的结果。

measurable：分解的目标是可测量和评价的，定量指标可按照完成的百分比测量，定性指标可按照完成的时间和内容作为判断的基础。

attainable：分解的目标是有挑战性的。

relevant：分解的各目标是相关的，而不是孤立的。

time-based：分解的目标要明确完成的时限。

（三）在目标管理运作中要建立 PDCA（P 计划、D 执行、C 检查、A 改进）循环，使公司管理始终处于不断改进和提升的良性循环之中。

（四）目标项目不宜过多，4~6 项较为合适，可视具体酌情增减。

（五）公司各个部门在确定目标之时，部门负责人应与公司总经理一起设定本部门具体目标，拟定合理的任务指标及相对应的定责授权、奖惩标准。

（六）各部门的所有成员均应参与设定自己的具体目标。

（七）各级负责人应与下级共同拟定实现目标的工作计划，工作计划应设定分管责任人、目标项目、现况目标值、采取措施、检查手段、评价、总结等内容。

五、目标的实施与控制

（一）为确保公司目标的实现，各级管理者必须向下属部门、员工阐明其担负的目标职能和应达成的结果，进行适当的目标协商和授权。目标体系的建立需要所有管理者的参与。

（二）为了对目标达成过程进行有效控制，公司建立自动控制系统。控制系统由监督、反馈两条线和分析中心构成。由董事会通过监察审计部和办公室有关部门根据年度目标实施的相关进度和总经理的指令实施控制与分析。

（三）各部门要围绕公司和本部门目标，认真进行月度、季度、半年度PDCA 分析优化提升，并完成绩效报告向上级领导汇报。

六、目标的考核及使用

（一）为保证公司目标的实现，公司通过人力资源部推行覆盖各项职能和各个层级的绩效考核体系，对各级部门和个人进行绩效考核评价。考核指标设定、考评过程与结果要确保做到公开、公平、透明，确保可信度。

（二）绩效考核结果作为公司制定薪酬福利、激励约束、员工培训、员工晋升等方案的依据。

（三）绩效考核以各岗位完成本岗位目标的程度为基本的考核依据，考核的结果为薪酬和奖金的发放积累相应的数据。

（四）每年中，由办公室组织召开年度目标修正会，根据上半年各部门目标达成情况，发生偏差的原因以及改正的措施等情况进行详细的研究，提出修正意见方案报总经理批准后执行新目标。

（五）每年年末由目标管理部门组织召开年度目标总结大会，对年度目标的完成情况，发生偏差的原因及改进措施等进行全面总结，并列入下年度目标计划制定过程中，作为历史参考依据。

目标指标考核维度（一）

考核维度	考核指标	定义	目标值	衡量标准	数据来源	考核周期	权重
财务目标	销售收入						
	毛利率						
	费用额						
	利润						
	回款						
	资产收益率						

（续表）

客户市场	客户满意率					
	市场占用率					
	客户投诉率					
	新客户开发率					
	渠道开拓规模					
内部管理	健全内部组织架构					
	制度与流程完善					
	建立绩效考核体系					
	建立营销体系					
	建立采购体系					
学习成长	员工满意率					
	员工晋升					
	员工流失					
	培训计划执行率					
	人力引进率					

年度计划书模板（二）

计划大纲	重点项目	内容简要描述
现况描述	日常工作	
	计划性工作	
	工作方向	
	部门提升	
SWOT分析	优势	
	劣势	
	机会	
	威胁	
问题点	问题机会一	
	问题机会二	
	问题机会三	

（续表）

计划大纲	重点项目		内容简要描述				
改善建议	改善建议一						
	改善建议二						
	改善建议三						
部门定位 与开拓	明确部门使命						
	阐述部门价值						
	规划部门远景						
	执行部门战略						
	配套有效方法						
部门目标	数字 目标	数字目标一					
		数字目标二					
		数字目标三					
	非数字 目标	非数字目标一					
		非数字目标二					
执行计划	计划项目	内容描述	阶段性行动步骤	负责人	完成时间	协助部门与事项	费用支出
	计划一						
	计划二						
	计划三						
	计划四						
	计划五						

利润表预算模板（三）

项目	合计	占比	1月	2月	3月	4月	5月	6月	7月	8月	9月	10月	11月	12月
不含税收入														
不含税毛利														
毛利率%														
费用科目														
人事费用														
奖金														
运费														

（续表）

邮电费												
水电费												
广告费												
项目工程费												
修理费												
盘损费用												
盘盈费用												
现金短溢												
自用商品												
包装费												
财产保险费												
业务宣传费												
研究费												
员工餐费												
物业费												
租金												
折旧												
文具用品												
低值易耗品摊销												
门店费用合计												
其他业务收入												
本月利润												

1. 目标利润表与实际利润表，格式一致。

2. 费用项目在税务规定和做账原则基础上，可增加费用项目。

3. 其目的是在于建立目标标杆，锁定经营管理数据，管控实际数据。推进标准化管理。

4. 按照入账原则将每项数据做管理控管，推动预算管理与实际落地控制。

目标任务责任书（四）

（门店版）

甲方：

乙方：

为确保公司目标能够实现，促使目标承担单位全力冲刺目标达成，特制定本目标责任书，供双方遵照执行：

一、经营目标关键 KPI 数据

数字目标：包括销售、毛利、费用、净利等。

非数字目标：包括品德能力、安全管理、门店形象及重点任务等。

二、乙方承担职责范围

1.以身作则，全面贯彻执行公司各项经营管理政策，服务于门店，保障门店规范运作，不断提高门店经营服务品质及效益水平；

2.根据公司经营目标制定，落实单店管理，实现公司下达的年度经营指标；

3.掌握门店的整体经营状况，执行公司销售计划，指导员工进行销售、损益分析；

4.做好门店人员教育训练，指导、协助门店员工做好商品管理、卖场管理、顾客管理及销售管理；

5.带领员工做好门店基本管理的规范化、标准化以及管理的落地执行；

6.协助员工解决工作中遇到的问题和困难，并及时与相关人员或部门沟通、协调，确保门店营运正常；

7.每日进行销售追踪，每周进行周报告、每月制定工作计划与上月工作检视，并依据公司安排参加各类会议，并落实会议精神；

8.全力配合与支持公司改革，落实门店管理标准化工作；

9.完成领导交办的各项工作。

三、激励措施

对于乙方达成净利目标100%以上，目标的部分按照10%发放年终奖金，超过 100% 部分，按照净利额的 20% 提取奖金，超过目标 120% 以上的，按照 30% 提取。

四、其他约定

1. 目标承担者按照年度目标完成各项指标，落实绩效考核，公司优先考虑晋升。

2. 对于目标未达成者或违反公司制度受到相应处罚的员工，公司依据人力资源政策做适量调整，不享受目标达成激励政策。

3. 对于连续三个月未达成销售目标的，公司有权对乙方岗位进行调整。

甲方（签名）：　　　　　　　乙方（签名）：

年　　月　　日　　　　　年　　月　　日

附件19：

门店营运通知单

编号：

发文单位：营运部

发文时间： 年 月 日；到达时间：年 月 日 保存期限： 天

本通知单由营运部每周一或周五发至各门店。

各单位通知专栏：

F：营运部

日期	主题：关于【 】的说明（通知、提醒）
	选择门店： 主要内容：

F：采购部\生鲜部\物流部\管理单位（财务、人资、信息、工程等）

日期	主题：关于【 】的说明（通知、提醒）
	选择门店： 主要内容：

请门店每位同仁仔细阅读后签名：

店长	早班	晚班	营运部
			查核人员签名：

附件20：

连锁门店安全管理体系架构

一、目的

1. 为做好连锁门店消防、用电安全管理工作，保证各种设施与设备的安全运行，为员工创造一个安全的工作环境，为顾客提供一个安全的购物环境。

2. 设置安全管理组织体系用以督促各相关责任人，严格履行各自的安全职责。

3. 使每位员工都有义务和责任，履行安全管理工作。

二、公司安全规定

1. 门店实行逐级防火责任制，做到层层有专人负责。实行各部门岗位防火责任制，做到所有部门的消防工作明确有人负责管理，各部门均要签订《安全责任书》。

2. 安全管理部设立防火档案、紧急灭火计划、消防演习报告、各种消防宣传教育的资料备案，全面负责门店的消防预防安全。各门店则须配备完整的防火检查报告和电器设备使用报告等资料。

3. 严格遵照消防安全规定，进行逐级防火检查，用火、用电和易燃、易爆物品安全管理，消防器材维护保养，以及发生火灾事故的报告、调查、处理等制度。

4. 门店内要张贴各种消防标志，设置消防门、消防通道和报警系统，组建义务消防队，配备完备的消防器材与设施，做到有能力迅速扑灭初起火灾和有效地进行人员财产的疏散转移。

5. 对新老员工进行消防知识的普及和消防器材使用的培训。

6. 门店内所有区域禁止吸烟、动用明火，存放大量物资的场地、仓库，须设置明显的禁止烟火标志。

7.卖场内消防器材、消防栓必须按消防管理部门指定的明显位置放置。

8.销售易燃品，只能适量存放，便于通风，发现泄漏、挥发或溢出的现象要立即采取措施。

9.禁止私接电源插座、乱拉临时电线、私自拆修开关和更换灯管、保险丝等。营运及工作结束后，要进行电源关闭检查；各种电器设备、专用设备的运行和操作，必须按规定进行。

10.柜台、陈列柜的射灯、广告灯，工作结束后必须关闭，以防温度过高引起火灾。货架商品存放要与照明灯、整流器、射灯、装饰灯、火警报警器、消防喷淋头、监视头保持一定间隔。

三、公司安全管理结构组织分工与职责

序列	结构图
组织架构图	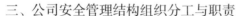

序列	职责
组长	全公司安全工作总负责人,核定全公司年度安全工作计划,并检核执行成效与执行相应的改善指导
副组长	协助组长,在总干事的指挥下,督促下属单位人员执行安全工作计划
总干事副总干事	由副总干事协助制定全公司安全工作年度计划,并依计划推动各项工作。 对所有安全员与门店职员直接或间接授与安全教育。 组织公司各种应急事件的演习,并制定演习作业流程
单位安全员	每日消防、用电设备的检查。 做好检查记录,注意定期保养

四、门店安全管理领导小组架构与职责

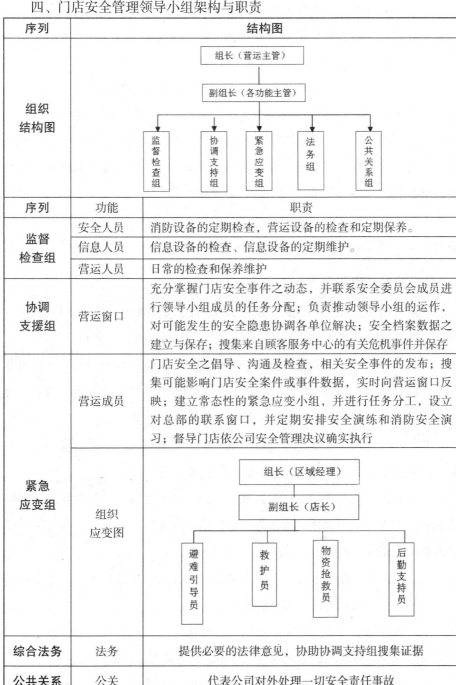

序列	结构图		
组织结构图	组长（营运主管） 副组长（各功能主管） 监督检查组　协调支持组　紧急应变组　法务组　公共关系组		

序列	功能	职责
监督检查组	安全人员	消防设备的定期检查，营运设备的检查和定期保养。
	信息人员	信息设备的检查、信息设备的定期维护。
	营运人员	日常的检查和保养维护
协调支援组	营运窗口	充分掌握门店安全事件之动态，并联系安全委员会成员进行领导小组成员的任务分配；负责推动领导小组的运作，对可能发生的安全隐患协调各单位解决；安全档案数据之建立与保存；搜集来自顾客服务中心的有关危机事件并保存
紧急应变组	营运成员	门店安全之倡导、沟通及检查，相关安全事件的发布；搜集可能影响门店安全案件或事件数据，实时向营运窗口反映；建立常态性的紧急应变小组，并进行任务分工，设立对总部的联系窗口，并定期安排安全演练和消防安全演习；督导门店依公司安全管理决议确实执行
	组织应变图	组长（区域经理） 副组长（店长） 避难引导员　救护员　物资抢救员　后勤支持员
综合法务	法务	提供必要的法律意见，协助协调支持组搜集证据
公共关系	公关	代表公司对外处理一切安全责任事故

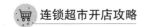

五、安全管理小组年度工作事项

1. 每年年末，小组依照安全管理需要由干事制定年度安全工作计划，并于年初召开年度安全工作报告，将工作计划向所有成员推展。

2. 负责逐级签订公司安全责任书，建立公司年度安全体系。

3. 小组每季度定期对门店进行全面检查一次，包含消防、用电等安全事项，信息设备的检查由信息部门主导，门店配合作业；消防设备、制冷设备、由安全管理部主导，门店配合作业；对门店存在的安全隐患提出意见并及时进行整改。

4. 小组每季度召开一次安全会议，检讨工作计划推行状况，并听取与会成员意见，以作为下季工作计划的调整依据，形成会议纪要追踪执行。

门店安全用电制度（一）

一、贯彻"安全第一、预防为主"的方针，安全用电，人人有责。

二、电源设备损坏及时报修，由专业人员进行维修，严禁自行处理。

三、电源箱上严禁放置或悬挂任何物品，开关应做到使用方便。各用电部门要定期检查，发现漏电、冒烟、打火等现象，要果断采取断电措施；检查中发现隐患，要及时向有关领导汇报，以便及时处理。

四、各用电部门在使用较大功率电器时，需向有关人员了解线路承载情况，以免发生意外；严禁电源线或插座超负荷使用。

五、禁止私接电源插座、乱拉临时电线、私自拆修开关和更换灯管、保险丝等，如需要必须报请主管领导审批后由专业人员进行操作，所有临时电线都必须在现场有明确记录，并在限期内整改。

六、营运及工作结束后，要进行电源关闭检查，保证各种电器不带电过夜，各种该关闭的开关处于关闭状态。

七、各种电器设备、专用设备的运行和操作，必须按规定进行操作，实行上岗证作业。对电气设备的检查、维护、保养做好记录。

八、除专业人员外，任何人不得私接更换和挪动供电设施，不准毁坏电器设备，违者视情节从严处罚。

门店消防操作规程（二）

一、建立三级消防责任人制度

门店在营运管理中应设立三级防火组织，任命三级防火责任人（营运负责人、区域经理、各门店店长），明确职责。

1.营运成立防火安全小组，确定人选，明确职责。

2.区域经理负责各自管辖的区域内各门店的防火安全，研究解决消防人员、设备中的重大问题。

3.门店店长负责门店有关消防法规的贯彻、消防规章制度的建设，组织定期的消防安全检查及消防演习。

二、建立专职消防队伍和义务消防队伍

为加强门店的消防管理，店长应在店内组建消防小组来负责消防工作，同时，还有必要教育包括门店所有员工在内的义务消防队伍。

1.选择消防小组成员：身体素质好，反应灵敏，责任心强。

2.应掌握的知识：消防小组成员应掌握国家制定的消防法规和制度，具有一定的消防业务知识，熟悉各种消防器材的使用。

3.员工义务消防队的建立和职责：

（1）加强培训：定期请专家或有经验的消防人员对义务消防员进行培训，使他们掌握基本的消防知识和技能，能熟练使用各种消防器材，并组织消防演习，提高灭火技能。

（2）职责：一旦发生火灾，积极投身灭火并听从灭火指挥 --- 店长安排，配合消防部门，参加灭火及疏散人员，抢救物资。

三、门店中应配置的消防器材

为提高门店消防自救能力，各门店必须配备必要的消防器材，并应按规定摆放，派专人管理。

四、消防安全检查的主要内容

为了加强门店的消防安全工作，确保顾客、店内财产的安全，首先应制定相关消防安全制度、规定。

（一）消防检查的时间与参加人员

1.日常消防检查每日进行，由门店安全员在日常的巡逻中完成。

2.每年元旦、春节、"五一"与"十一"等重大节日前的消防检查，由公司总部安全管理部组织，由各部门安全员参加。

3.施工现场防火安全检查，由安全管理专员每日进行。

（二）消防检查内容

1.消防栓内部件是否齐全，灭火器数量、压力和重量是否符合要求。

2.消防通道是否畅通，是否有易燃物品堆积。

3.店内是否有超负荷用电或不规则的电源走线。

（三）查出问题的处理

1.对安全防火检查中发现的问题，由安全管理部开出《安全检查通知》，责令有问题的单位限期整改，并由店长对此跟踪调查，直至问题解决。

2.每季检查中要认真填写《安全检查记录》，检查后形成报告报公司领导。

五、消防演习

为加强全体员工的防火意识，提高灭火的熟练程度，总部安全管理单位定期安排时间进行消防演习，组织门店员工一起参加演习。

（一）演习形式

1.模拟从发现火情、指挥、分工配合及临时处理等综合动作演习，检验是否符合火警处理的要求。

2.模拟实战训练，利用即将到期的灭火器，按照实战要求灭火，同时进行抢救物资和疏散人员训练。

（二）演习应注意的事项

1.演习前必须做到有计划、有步骤、有组织，参加演习的人员应明确演习的目的和要求。

2.演习选择不影响正常工作的时间来开展。

3.点火演习时，必须做好安全防范工作。

4.演习后要进行必要的总结，找出差距，改进方法。

六、出现火灾报警时的处理

为确保门店在发生火灾时能够得到迅速准确的处理，门店店长和员工在紧急情况下应按照自己的职责并有条不紊地做好灭火疏散抢险安全工作。无论任何时候发生火情、燃烧异味、异响及不正常热感应，每个员工都有责任检查是否属险情，如有险情（火灾等），则立即报告店长或区域经理进行处理。

门店消防应急预案（三）

为了维护门店的经营安全，增强每位员工的防火意识，提高火灾处理能力，明确火灾处理程序，特制定以下火灾应急预案：

一、未确认火情的处理

1.店长派安全员去报警现场，确认火情后，防火小组切断相应部位的电源，等待工程科来查明事故原因；店长打电话通知区域经理、营运负责人说明未确认火情的地点和情况。

2.安全管理小组接到电话后，立即派人赶赴火情现场，采取相应的应急处理措施，查明事故原因。

3.区域经理接到电话后，要立即赶赴火情现场，采取相应的应急处理措施，并向上级主管领导汇报现场情况。

4.营运负责人接到未确认的火情后要随现场情况部署处理。

二、已确认火情的处理

1.当接到火灾报警电话后，店长带领店内安全员立即赶赴现场确认火情；电话通知区域经理、营运、安全管理单位说明火情的地点和情况。

2.当查明火情后，店长安排：

（1）店内安全员立即切断电源；启动应急广播，提示顾客撤离疏散。广播词："顾客同志们请注意，店内出现紧急情况，为了大家安全，请大家听从店内员工的指挥，尽快撤离到室外安全地带"；并利用监控设备对火灾区域进行全过程监控，保留录像资料，以备调查之用。

（2）疏散小组保护现场、疏散客流，只出不进，避免顾客恐慌造成拥挤堵塞；疏散方法：要利用湿毛巾等捂住口，避免被烟气呛住导致窒息，要沿着紧急出口指示灯的方向走。直立行走呼吸困难时，要弯腰或爬行前进，因烟气都悬浮在上部，下面多少都有一些新鲜空气。

（3）防火小组立即实施灭火，搜查现场将易燃物转移到安全地带，并维持现场秩序。如火势太大应及时报警119，告知事发现场方位及行动路线，并尽可能采取处理措施，等待救援人员到来。控制可疑人，保护证人、目击者，协助公安人员处理问题。

3.区域经理、营运负责人在最短的时间内赶赴现场，协助店内维持现场秩序，有秩序地疏散顾客，掌控店内整个局势。疏散时不要引起顾客惊慌，防火小组保持通道畅通无阻。

4.除防火、疏散小组成员投入紧急事件处理外，其他员工要坚守岗位，保护商品，收银员要保护好现款。

5.待"119"赶到现场后，听从消防人员指挥，协助灭火，火灾排除后，各部门清理现场恢复工作状态。

安全责任书（四）

按照"谁主管，谁负责"的原则，为明确各门店、各相关责任人的职责范围，保证本部门的治安、消防安全工作的顺利开展，检查督促各相关责任人，严格履行各自的安全职责，特签订本安全责任书。

一、认真贯彻执行国家、省治安、消防法规，确保本部门的消防设施的安全。全面掌握本部门的消防设施的安全运行状况。

二、作为安全责任人，负责本部门的防火、消防设施和安全教育工作。

三、针对实际情况加强对员工的安全教育，提高广大员工的防患意识。要利用各种形式向员工进行法制及防火宣传教育。

四、对专职义务消防员、安全员，要强化学习和训练，使之熟练地掌握防火知识、灭火技能、疏散技能等消防常识和技能。新员工上岗前要进行消防知识培训。

五、对设备运行维护人员，要使之熟练掌握设备的操作步骤。根据设备的运行规律，按维修保养计划对设备进行定期维护。

六、建立消防设施巡查等防火档案，确定消防安全重点部位，对本部门负责的要害部位和重点防范部位制定出安全规定，责任到人，实行严格管理。

七、按时参加公司的消防安全工作会议，根据会议要求及时贯彻落实。

八、重大节日或重要活动前，责任区内要进行全面安全检查，责任人必须亲自到现场认真检查，确保安全。

九、搞好安全生产经营，加强对本部门设备设施的管理，建立健全安全操作规程，对专业人员进行规范培训，严格按程序运行管理。

十、对动用明火和易燃、易爆物品实行严格的管理。禁止在具有火灾、爆炸危险的场所使用明火，因特殊情况需要进行电、气焊等明火作业的，要办理审批手续，落实相应消防安全措施。

十一、责任人负责贯彻落实消防等各项安全制度，并组织实施本部门的消防设施等安全工作细则。同时督促检查，确保消防设施100%安全可靠。务必使员工树立"安全第一，防患于未然"的安全意识。

十二、责任人要加强对管理区域的消防、防盗等工作，及时发现可能出现的问题，果断地做出处理，并及时逐级汇报领导，避免事故的发生和扩大。

十三、确定本部门的消防安全归属管理人。消防安全管理人对本部门的消防安全负责，实施和组织本部门的消防管理工作，组织制定符合本部门实际的防火和应急疏散预案，并实施演练。

十四、建立日常安全检查交接记录，并确定巡查的人员、内容、部位和时间。在实行每日防火巡查的基础上，每季度组织本部门人员进行不少于一次消防应急预案演练。

十五、责任人对本部门的涉及安全的设施、设备，每月至少进行一次全面检查，分析安全状况，发现隐患要进行及时处理，对重大安全隐患要报告上级部门。

十六、由于责任人工作失职、渎职，造成本部门发生重大安全事故、重大治安事件及刑事案件的，在依法追究当事人责任的同时，按规定追究责任人的责任。

十七、强化目标管理，层层落实安全责任制，保证安全工作有人做，将安全工作纳入部室工作重点。

十八、本责任书一年一签，一式两份，负责人一份，安全管理单位备案一份。

安全巡检表（五）

单位名称		检查时间	年月日时分	
序号	检查项目		勾选	备注
1	电源箱上放或悬挂物品，遮挡电源开关		是□否□	
2	私接电源插座、乱拉临时电线		是□否□	
3	电源开关外壳和电线绝缘破损不完整或带电部分外露		是□否□	
4	卖场内有烧水、充电现象		是□否□	
5	消防灭火器摆放隐蔽或无消防灭火器		是□否□	
6	消防栓被物品挡住，物品堵塞消防通道		是□否□	
7	消防栓玻璃破损，消防器材不完整		是□否□	
8	灭火器已过期（指针已到红格区）		是□否□	
9	安全应急标识清晰、明确无遮挡		是□否□	
10	货架商品存放要与火警报警器、消防喷淋头、监视头保持50cm的间隔。		是□否□	
其他事项				
单位负责人签名		检查人签名		

说明：1.查核单位包括连锁总部、门店、物流等所有经营办公场所。2.安全管理单位按照查核结果计入单位安全台账，有异常及时下发整改通知单。